KLEINE REIHE
GESCHICHTE
DIDAKTIK UND METHODIK

Christoph Hamann

Medienikonen im Geschichtsunterricht

Fotoquellen als Symbole verstehen

WOCHEN
SCHAU
VERLAG

Bibliografische Information der Deutschen Nationalbibliothek

Die Deutsche Nationalbibliothek verzeichnet diese Publikation in der Deutschen Nationalbibliografie; detaillierte bibliografische Daten sind im Internet über http://dnb.d-nb.de abrufbar.

Die Kleine Reihe Geschichte wird herausgegeben von Bernward Debus, Bettina Degner, Saskia Handro und Christoph Kühberger

Dank

Meinem alten Freund Dr. Dieter Hanauske (Berlin) danke ich für die gewohnt akribisch-kritische Lektüre des Manuskripts und für hilfreiche Hinweise. Mein Dank geht auch an Dr. Ludger Derenthal (Berlin) für seine Kommentierung aus der Perspektive der Fototheorie. Für Ratschläge zu Vorschlägen für den Unterricht danke ich zudem sehr gerne meinen „Kollegen" Dr. Uwe Besch (Stahnsdorf) und Thomas Zehrer (Berlin). Fehler, Fahrlässigkeit und Versäumnisse verantworte selbstredend ich selbst.

www.wochenschau-verlag.de

Titelgestaltung: Ohl Design
Umschlagbild: auf Grundlage eines anonymen Graffitos der Fotografie „Sprung in die Freiheit" von Peter Leibing, 1961
Gesamtherstellung: Wochenschau Verlag
ISBN 978-3-7344-1546-3 (Buch)
E-Book ISBN 978-3-7566-1546-9 (PDF)
ISSN 2749-1463
eISSN 2749-1471
DOI https://doi.org/10.46499/1972

Inhalt

1. Medienikonen im Unterricht

Perspektive Rezeptionsgeschichte

Der polnische Fotograf Stanislaw Mucha hatte Anfang 1945 nicht die Absicht, mit seiner Aufnahme vom Lagertor Auschwitz-Birkenau eine Medienikone zu schaffen. Beauftragt von der sowjetischen Kommission zur Untersuchung von NS-Verbrechen wollte er vielmehr das Lager in seinem baulichen Zustand nach der Befreiung durch die Rote Armee dokumentieren. Die Geschichte der Rezeption der Fotografie zeigt: Redaktionen wie Rezipient*innen waren die Absichten Muchas offensichtlich einerlei; sie interpretierten seine Fotografie so, wie es ihnen sinnvoll erschien. Das Foto avancierte zum ikonischen Sinnbild für den Holocaust.

Dieses Beispiel macht deutlich, dass das quellenkritische Verfahren nur bedingt zum Verstehen von Medienikonen beitragen kann. Dieses sieht vor, die Standortgebundenheit, die Perspektive und die Intention des Fotografen (oder gar dessen Auftraggeber) herauszuarbeiten; es geht davon aus, dass sich all dieses in der Quelle widerspiegele; angenommen wird schließlich, dass methodisch damit die Voraussetzung für ein rationales Urteil gegeben sei. Mit all dem lässt sich die Karriere von Muchas Fotografie aber nicht erklären. Relevant für das Verstehen der Ikonisierung der Aufnahme und der Spezifik von Medienikonen ist vielmehr die Perspektive der Betrachter*innen. Was sehen diese in der Aufnahme, wie interpretieren diese sie und warum so und nicht anders? Die Geschichte des Fotos als Sinnbild zeigt dabei eben eine durchaus „eigen-sinnige" Aneignung der Fotografie. Im Fokus der Auseinandersetzung mit Medienikonen muss deshalb vor allem die Perspektive der Rezeption des Bildes stehen. Medienikonen sind also einerseits Bildquellen aus der Vergangenheit, vor allem aber dienen sie in der Gegenwart als Mittel der geschichtskulturellen Kommunikation über Vergangenheit.

Didaktische Vorzüge

Die Thematisierung von Medienikonen in der Schule bietet unterschiedliche Vorzüge: Sie ermöglichen einen Geschichtsunterricht mit hohem Gegenwartsbezug. Als ein prominentes mediales Beispiel für die Art und Weise des Umgangs mit der Vergangenheit in der Gegenwart sind sie Teil der Geschichtskultur und damit fachwissenschaftlich relevant wie curricular gesetzt. Sie bieten darüber hinaus das Potenzial für einen fachübergreifenden beziehungsweise fächerverbindenden Unterricht. Medienikonen ermöglichen Thematisierungen in den Unterrichtsfächern Geschichte, Politische Bildung, Ethik oder Bildende Kunst. Schließlich: Die Auseinandersetzung mit Medienikonen ist zugleich ein Teil der Medienbildung, die zum reflektierten Umgang mit Bildern auffordert – dies im Sinne eines demokratischen Bildungsauftrags.

2. Bilder im Kopf

2.1 Fotografie und Erinnern

Experiment I – kollektives Gedächtnis

Die Versuchsanordnung ist schlicht. Man richte an sein Gegenüber die Frage, ob es trotz geschlossener Augen Bilder sehen kann. Die/der Befragte schließt die Augen und hört Folgendes: „Ost-Berliner Arbeiter bewerfen am 17. Juni 1953 Panzer mit Steinen", „Vopo, der beim Mauerbau in Berlin über den Stacheldraht in den Westen springt" oder „Willy Brandt knieend am Ehrenmal des Warschauer Ghettos". Die Wahrscheinlichkeit ist bei (älteren) Teilnehmern sehr groß, dass vor dem geistigen Auge der Befragten eben jene ikonischen Fotografien erscheinen. Denn, so Susan Sontag, „jeder von uns hat Hunderte von Fotos in seinem Gedächtnis gespeichert, die sich auf Anhieb abrufen lassen." (Sontag 2003, 29) Auf diesem Konzept baute 1985 die Hamburger Ausstellung „Die Bilder im Kopf oder die Magie des Gedruckten" des Kommunikationsdesigners Michael Schirner auf. Auf großformatigen schwarzen Tafeln präsentierte er ausschließlich Bildlegenden und versuchte damit, den Besucher*innen der Ausstellung die entsprechenden Bilder in ihren Köpfen „sichtbar" werden zu lassen (Stern 1987). Mit diesem Konzept ließ Schirner ausstellungsästhetisch erkennbar werden, was durch Arbeiten von Maurice Halbwachs, Pierre Nora, Aleida und Jan Assmann und anderen in den Kultur- und Sozialwissenschaften unter dem Begriff „kollektives Gedächtnis" breitenwirksam entfaltet worden ist.

Gedächtnispsychologie

Überraschend ist auch Folgendes: An wie viele Bilder erinnern sich Befragte nach dem Besuch einer Ausstellung? Sind es 5, 50 oder 95 Prozent? Zwei empirische Untersuchungen aus der Gedächtnispsychologie zeitigten verblüffende Ergebnisse. Von 612 nur je zehn Sekunden lang gesehenen Dias wurden bei sofortiger Wiederholung 98 Prozent wiedererkannt; bei einem anderen Versuch mit 10 000 Bildern konnten sich die Befragten nach fünf Tagen immer noch an 73 Prozent der Motive erinnern. Kognitionswissenschaftlich ist von daher Konsens: „Unsere Fähigkeit, Bilder wiederzuerkennen, ist gewaltig“ (Engelkamp 2004, 227). Der experimentell immer wieder nachgewiesene „Bildüberlegenheitseffekt“ zeigt: Bilder werden eher im Gedächtnis behalten als Worte. Eine weitere empirische Studie hat ergeben, dass insbesondere „überraschende und von den Alltagsschemata abweichende Bildelemente besonders beachtet und erinnert werden“ – ein für die Analyse von Medienikonen wichtiger Befund (Weidenmann 2004, 246).

Macht des Bildes?

Bilder haben auch Macht: Als die Fotografie des toten fünfjährigen Flüchtlingskindes Aylan Kurdi im September 2015 europaweit in den Medien zu sehen war, stiegen im Internet die Aufrufe zu den Suchbegriffen „Syrien“ und „Flüchtlinge“ und auch das Spendenaufkommen erhöhte sich (Slovic 2017, 640–644). Deutlich wurde durch diese und eine weitere empirische Studie aber auch: Die durch das Kurdi-Foto ausgelöste Aufmerksamkeit und emotionale Reaktion verblassten schnell und hatten letztlich keinen nachhaltigen Effekt (Dahmen u.a. 2018). Andere Untersuchungen zeigten, dass Fotografien (wie auch Filme) nicht nur die Erinnerung an historische Ereignisse nachhaltig beeinflussen, sondern auch die Einstellungen bzw. Urteile der Rezipient*innen und deren zukünftige Verhaltensabsichten (Peeck 1994; Wineburg 2001; Sacchi u.a. 2007; Döveling 2019).

2.2 Medienikonen verstehen lernen

Bildkommunikation

Die gesellschaftliche Kommunikation der Gegenwart ist mit fortschreitender Digitalisierung und Mediatisierung mehr und mehr visuelle Kommunikation. So wurde für das Jahr 2020 prognostiziert, dass weltweit 1,4 Billionen Fotografien aufgenommen würden, davon 90 Prozent mit dem Smartphone (Hoffmann/Schönegg 2021, 185). Die „technischen Medien und ihre Bilder“ sind „zu einer elementaren Form der Vermittlung, der Aneignung und des Verstehens von sozialer Wirklichkeit geworden.“ (Soeffner/Raab 2004, 250) Im „Zeitalter der Bildkommunikation“ (Hoffmann/Schönegg 2021, 16) gewinnen die wieder und wieder gezeigten Fotografien dabei eine herausgehobene Stellung.

Sie sind als Fotos zwar Massenmedien, scheinen aber, Walter Benjamin zum Trotz, eine besondere Art von „Aura" zu entfalten. „Fotos, die jeder erkennt, sind heute wesentlicher Bestandteil dessen, worüber sich Gesellschaften Gedanken machen oder worüber sie nachzudenken sich vornehmen" (Sontag 2003, 99). Als symbolische Bilder sind sie zudem visuelle Stellvertreter von historischen Darstellungen. Sie sind zwar „keine Geschichten, generieren aber welche" (Rüsen 2008, 240).

Erkenntnisinteresse

Visuelle Symbole zu verstehen und das Verstehen zu lernen – dies wiederum wurde von der Didaktik der Geschichte schon früh gefordert (z. B. von Bodo von Borries; Andreas Körber). „Die Aufladung von Bildern mit Symbolkraft", so Jörn Rüsen, „ist eine spezifische Leistung des Geschichtsbewusstseins. Wir wissen darüber eigentlich ganz wenig. Wie entstehen solche Bilder? Wie gewinnen sie ihren Ort in unserem Geschichtsbewusstsein und wie wirken sie? Gut fundierte Antworten auf diese Fragen stehen noch aus." (Rüsen 1996, 73) Im Mittelpunkt der folgenden Ausführungen stehen ikonische Fotografien historischer Ereignisse, nicht aber solche Bilder aus den Bereichen Pop, Werbung, Technik oder Wissenschaft. Thematisiert werden allein Bildbeispiele und Mechanismen der Ikonisierung in Demokratien mit Marktwirtschaften und unabhängiger Presse. Prozesse der Ikonisierung in autoritären Herrschaften unterliegen eigenen Mechanismen. Doch zunächst einmal zur Frage, wie kann man Medienikonen definieren?

2.3 Medienikonen definieren

In einer Definition aus semiotischer Perspektive zeichnen sich Medienikonen durch drei Merkmale aus, nämlich:

Index

1. Die Glaubwürdigkeit des fotografischen Bildes speist sich aus zwei Quellen. Die/der Fotografierende war vor Ort und ist Augenzeugin/-zeuge. Benutzt wurde ein Fotoapparat, der das ablichtet, was sich vor dem Objektiv zeigt. Das Foto wiederum fixiert die Lichtstrahlen, die vom fotografierten Objekt reflektiert werden. Das Licht hinterlässt einen Abdruck, der dauerhaft konserviert wird (Index). Das Foto

garantiere durch den Prozess seiner Herstellung, dass es das Gezeigte wirklich gegeben hat – „Es-ist-so-gewesen." (Barthes 1985, 87)

Ikon

2. Die Fotografie ist ein Abbild/Bild, welches das Abgebildete nachahmt – zwischen beiden existiert eine hohe Ähnlichkeit (Ikon). Dies trifft auf naturalistisch gehaltene Gemälde zu, insbesondere aber auf Fotografien. Das Pferd auf einer Farbfotografie sieht aus wie ein reales Pferd, das gemalte Pferd dagegen kann auch ein blaues Fell haben.

Symbol

3. Medienikonen sind nicht nur Abbilder/Bilder aus der Vergangenheit, sie sind auch Sinnbilder in der Kommunikation der Gegenwart über Vergangenheit. Medienikonen werden dabei konventionell als visuelle Stellvertreter für historische Ereignisse und deren Deutung betrachtet – sie sind für eine Gemeinschaft der Erinnernden auch Symbole.

Mit dieser an Charles S. Peirce (Peirce 1983, 64–67) angelehnten Unterscheidung von Index, Ikon und Symbol lässt sich die Besonderheit von Medienikonen in der Gruppe der Bilder trennscharf benennen. Medienikonen lassen sich als diejenigen Fotografien definieren, die sowohl Index als auch Ikon und Symbol sind. Diese Unterteilung dient als Gliederung der weiteren Argumentation und des Theoriekapitels.

Medienikonen		
Index Das Foto als Abdruck/Spur vergangener Wirklichkeit	**Ikon** Das Abbild und seine Eigenschaften als Bild	**Symbol** Das Foto in seinen sozialen Funktionen

Im folgenden Kapitel 3 wird dargestellt, was die Eigenschaften Index, Ikon und Symbol für die Medienikonen konkret bedeuten. Im Kapitel 3.1 wird diskutiert, ob Fotografien mehr sagen als „1000 Worte". Daran anschließend werden im Kapitel 3.2 relevante visuelle Merkmale von Medienikonen vorgestellt. Schließlich werden im Kapitel 3.3. grundlegende soziale Funktionen der Medienikonen erläutert.

3. Theoretische Grundlagen

3.1 Die Wirklichkeit des fotografischen Bildes

Die „Bedeutungslosigkeit" des Fotos

„Dumme" Fotografie

Der Fototheoretiker Philippe Dubois spitzt die Bedeutung des fotografischen Abdrucks (Index) wie folgt zu: Man könne sagen, dass „das Foto nicht erklärt, nicht interpretiert und nicht kommentiert. Es ist stumm und nackt, platt und dumpf. Dumm sagen einige. Es führt uns schlicht, einfach und brutal Zeichen vor Augen, die semantisch leer oder blank sind. [...] es sagt uns nichts über den Sinn dieser Repräsentation; es sagt uns nicht, das bedeutet dies." (Dubois 1998, 56) Aus der Perspektive einer Geschichtsdidaktik, die dem Paradigma der Narrativität verpflichtet ist, ist diesem Ansatz zuzustimmen. Denn Zeiterfahrungen werden durch das Erzählen zu Sinn verarbeitet. Wichtig ist der Plural: Von sinnbildend verknüpften Erfahrungen aus *verschiedenen* Zeiten ist die Rede. Gerade diese können durch eine Fotografie aber nicht repräsentiert werden, denn der Sekundenbruchteil der Blendenöffnung fixiert eben nur diesen einen Moment und nicht das zeitliche Davor und Danach. Der Fotoapparat kann von daher keine historischen Prozesse abbilden, sondern nur die Lichtreflexionen eines Sekundenbruchteils. Und aus diesen kann kein historischer Zusammenhang abgeleitet werden. Nach dieser Argumentation *sagt* das Foto nichts, sondern *zeigt* allein etwas, ohne dies zu erklären.

Sinn durch (Kon-)Texte

Welchen historisch triftigen Sinn das Bild ergibt, lässt sich also nicht aus diesem selbst schließen, sondern durch Texte, die das Bild in den historischen Zusammenhang, in eine Geschichte, sinnvoll integrieren (Rekontextualisierung). In diesem Sinne konstatiert die Kunsthistorikerin Rosalind Krauss, die Fotografie umgebe eine „Bedeutungslosigkeit [...], die nur durch das Hinzufügen eines Textes ausgefüllt werden kann." (Krauss, 2002, 152)

Vieldeutigkeit des Bildes

Polysemie

So betrachtet ist die Fotografie also „dumm" und erzählt oder erklärt historisch nichts. Dennoch wird sie vom Publikum mit Sinn aufgeladen. Insbesondere für Medienikonen gilt: „Jeder Wahrnehmungsakt wird gleichsam enggeführt von einem Streben nach Sinn." (Bolz 1996, 24) Und nicht nur dies: „Wenn wir eine Photographie sinnvoll finden, leihen wir ihr eine Vergangenheit und eine Zukunft." (Berger/Mohr 2000, 89) – das Foto wird zu einer Art „schweigender Erzählung" (Stahel 2003, 12). Die Medienikone scheint eine Geschichte zu erzählen. Beispielsweise wäre die beim Foto vom Lagertor Auschwitz-Birkenau die Geschichte des Holocaust als industrieller Massenmord und bei der Aufnahme der „mushroom clouds" über Hiroshima oder Nagasaki aus dem gleichen Jahr die Geschichte der Kapitulation Japans. Es sollte aber stutzig machen, dass Medienikonen mit vollkommen unterschiedlichen Narrationen verknüpft und als symbolische Statthalter für unterschiedliche Deutungen verstanden werden.

Ein Bild – mehrere Narrationen

Am Beispiel der Fotos der „mushroom cloud" kann dies veranschaulicht werden. Das Bildmotiv repräsentierte in Europa vor allem die Gefahr der atomaren Apokalypse. In den Vereinigten Staaten stand es für die militärische und wirtschaftliche Stärke der US-amerikanischen Gesellschaft und Nation, aber auch für die Energie der Libido oder die Kraft der Kreativität. All dies wird – vermeintlich – durch die Medienikone visualisiert und zugleich „erzählt". Das Wirklichkeitsversprechen der Fotografie täuscht also über die grundsätzliche Vieldeutigkeit hinweg: Aufnahmen des „Atompilzes" zeigen allein eine majestätisch anmutende riesige Wolke am Himmel, mehr nicht. Ihre grundsätzliche Vieldeutigkeit macht sie deshalb für verschiedene Zwecke dienstbar: als Zeichen der Apokalypse, des Patriotismus, der Libido und der Kunst. Durch den Index (Abdruck des Lichts) scheint das Foto das jeweilige Narrativ zu beglaubigen, in welches es eingebettet wird. So wurde zum Beispiel Susan Meiselas Foto „Molotov Man" (1979) in Nicaragua als Symbol für die Stärke der sandinistischen Bewegung genutzt, in den USA dagegen als Symbol der Aggression, um Spenden gegen die Sandinisten zu generieren. „So ist es gewesen" – das Foto zeigt es ja. Und das Narrativ seinerseits beglaubigt das durch die Fotografie Gezeigte durch seine sinnstiftende Kontextualisierung: ein perfekter Zirkelschluss. Als erstes Zwischenergebnis können folgende indexikalischen Eigenschaften von Medienikonen festgehalten werden.

Index **Das Foto als Abdruck/Spur vergangener Wirklichkeit**	**Ikon** **Das Foto als Abbild und seine Eigenschaften als Bild**	**Symbol** **Das Foto in seinen sozialen Funktionen**
• Garantie: „Es-ist-so-gewesen." • Vieldeutigkeit des Fotos		

Sinn bilden – die Blicke der Rezipienten

„Botschaft ohne Code"

Die fototheoretischen Überlegungen von Roland Barthes können helfen, den geschichtskulturellen Status von Medienikonen besser zu verstehen. Barthes geht von einem „fotografischen Paradox" (Barthes 1990, 12) aus und unterscheidet eine denotative von einer konnotativen Botschaft der Fotografie. Da die Fotografie dasjenige repräsentiere, was einmal vor dem Objektiv der Kamera war, sei sie eine denotative „Botschaft ohne Code" (Ebd., 13). Die konnotative Botschaft wiederum, also die „Einbringung eines zusätzlichen Sinnes" (Ebd., 16), erfolgt mehr oder weniger bewusst durch all jene Zeichen, die „kraft der Verwendung durch eine bestimmte Gesellschaft mit bestimmten Bedeutungen versehen sind." (Ebd., 23) Roland Barthes verweist hier zum Beispiel auf fotografierte Objekte, die herkömmliche Assoziationen auslösen, und veranschaulicht dies mit dem Bild einer Bibliothek. Diese werde gemeinhin mit Bildung verknüpft. Barthes weist auch auf „stereotype Haltungen" und Posen hin, die „festgelegte Bedeutungselemente bilden." (Ebd., 16) Er verweist außerdem auf eine „universale Symbolik" (Ebd., 13)

Schemata, Farben, Ausdrücke und auf den allgemeinen Zeichenvorrat der Ikonographie schlechthin.

Beispiel NS-Propaganda

Das Beispiel der Propagandafotografie im Nationalsozialismus kann diese Argumentation veranschaulichen. NS-Fotografen haben nach dem Krieg die Position vertreten, sie hätten das Zeitgeschehen nur dokumentiert. Das propagandistische Moment liege nicht in ihren Aufnahmen selbst, sondern in ihrer zeitgenössischen Nutzung. Presseredaktion hätten ihre dokumentarische Aufnahme propagandistisch instrumentalisiert, indem politisch eindeutige Texte beigefügt worden seien. NS-Propagandaaufnahmen wählen aber Bildmotive wie z.B. heroisierende Posen aus und nutzen Bildperspektiven wie z.B. starke Auf- und Untersicht etc., die konventionell mit bestimmten Bedeutungen aufgeladen werden. Diese können auch dann noch auf die Rezipienten wirken, wenn die zeitlichen Kontexte und die redaktionellen Begleitexte vollkommen andere geworden sind. Dies zeigt eine empirische Studie über die transgenerationelle Erinnerung an den Nationalsozialismus in Familien. Hier wird ein junger Mann zitiert, der die Bilder der Reichsparteitage wie folgt kommentiert: „Das war doch klasse, wie die das geschafft haben! Wie sie alle geschrien haben ‚Heil Hitler' oder ‚Sieg Heil'! Und diese Begeisterung macht ja irgendwie das Faszinierende, wie stark dann dieses Volk war." (Welzer u.a. 2002, 14) Es wird also deutlich, dass Medienikonen nicht bedeutungsfreie *Abbilder* dessen sind, was in der Vergangenheit einmal vor der Kamera war. Sie sind nicht allein Bildquellen im Sinne der Geschichtswissenschaft, deren Fokus im Kern auf dem Außerbildlichen liegt. Sie sind eben auch *Bilder*, Artefakte, die von den jeweiligen Rezipient*innen im Moment der Betrachtung interpretiert werden und als eigenständige Phänomene verstanden werden müssen. Von daher ist die Medienikone im doppelten Sinn eine Quelle. Nämlich für das Abgebildete im Moment des Abbildens. Sie ist aber auch eine Quelle für die Geschichte der Rezeption, für die Bedeutung, die ihr im Prozess des gesellschaftlichen Erinnerns zugesprochen wird.

3.2 Die Eigenschaften ikonischer Bilder

Emotion und Moral

Medienmarkt

Warum aber werden aus der unendlichen Zahl von Fotografien eben jene allseits bekannten zu Medienikonen? Kultur- und kunsthistorische sowie medien- und kommunikationswissenschaftliche Ansätze geben verschiedene Antworten. Der Vorgang der Ikonisierung wird vor allem dann plausibel gemacht, wenn von der Perspektive der Rezipient*innen des Alltags ausgegangen wird. Das erscheint schon allein deswegen unumgänglich, weil die zentrale gemeinsame Eigenschaft von Medienikonen ernst genommen werden muss: Medienikonen sind Bilder, die ausgesprochen häufig reproduziert werden. Dies hat mit denjenigen Eigenschaften der Fotos zu tun, die den Rezeptionsbedürfnissen des breiten Publikums in besonderer Weise entgegenkommen. Redaktionen beziehen diese in das Kalkül ihrer Bildauswahl ein, sowohl aus Gründen der Aufmerksamkeitsökonomie als auch aus verkaufsstrategischen Überlegungen. Analytisch erscheint es von daher geboten, diejenigen Bildeigenschaften zu isolieren, welche die Aufmerksamkeit möglichst vieler Menschen wecken und binden. Nur dann, wenn sich möglichst viele Rezipient*innen von dem Bild angesprochen sehen, besteht die Chance, dass es eine hohe soziale Reichweite erlangen kann.

These: Emotion

Die zentrale These lautet deswegen: Einen ikonischen Status können vor allem Fotografien erlangen, die „high drama and emotional pull of symbolic moments of death, sacrifice, and patriotism“ visualisieren (Dahmen u.a. 2018, 457). Emotion spielt bei diesen Bildern der Empörung („images of outrage“) eine zentrale Rolle. Im Vergleich zu Texten sind Bilder „grundsätzlich salienter“ – sie „bewirken mehr Aufmerksamkeit als Texte. Sie suggerieren direktes Miterleben und steigern die emotionale Beteiligung.“ (Döveling, 2019, 72) So lösen visualisierte Emotionen bei Rezipient*innen identische Emotionen aus („affektive Ansteckung“; Wünsch 2014, 225, 229; Geerth 2015, 82). Empathische Reaktionen werden befördert, wenn zwischen dem Abgebildeten und dem/den Adressaten eine Übereinstimmung wahrgenommen wird (z. B. nach Alter oder Geschlecht ...). Insbesondere Kinder als Motiv einer (Kriegs-)Fotografie lösen mehr Emotionen aus als Motive mit militärisch Kämpfenden oder zivilen Personen. Ebenso emotionalisieren vor allem Motive mit leidenden Personen (Geerth 2015, 96 f., 100; Wünsch 2014, 224). Emotional berührte Menschen neigen zudem dazu, „in die Welt realer oder fiktiver Geschichte einzutauchen" (Bartsch 2014, 212 f.). Der „Affective-Disposition-Theory" zufolge werden sympathische Gefühle für moralisch integre Personen empfunden, sie/er „hofft, bangt und leidet mit den realen oder fiktiven Personen." Medienikonen „bündeln Emotionen und damit beweisen sie ihre gesellschaftliche wie politische Tragweite." (Döveling 2019, 75 f.)

These: Moral

Emotionen werden vor allem dann mobilisiert, wenn durch das Bildmotiv moralische Konventionen infrage gestellt werden, zum Beispiel dann, wenn Schwächere von Überlegenen bedroht werden. Konventionen werden von vielen geteilt, ihre Verletzung von vielen verurteilt. Ein Urteil über das Gesehene kommt deswegen auch ohne historisches Kontextwissen aus. Der Bezug auf die Moral vermittelt eine „umweglose Evidenz" (Soeffner 2010, 38) des Urteils über das abgebildete Ereignis. Moral und Emotion suggerieren Nähe und Eindeutigkeit, sie mindern Distanz zum Geschehen. In der Geschichtskultur im Allgemeinen, insbesondere bei Medienikonen spielt Moral eine große Rolle (Rüsen 2013, 235). Das moralische Urteil tritt an die Stelle des historischen Urteils.

Bildmerkmale		**Bild(merkmals)-bewertung**
Bildmotive (Inhaltsdimension) **Bildgestaltung** (Ausdrucks- und Instrumental-dimension)	Emotionalisierungs-potential	Relevanz Bedeutung/Folgen Bewältigungs-möglichkeiten Normative Bewertung

Modell des Emotionalisierungspotentials durch Bilder (Geerth 2015, S. 83)

Bildmerkmale

Welche ästhetischen Eigenschaften von Medienikonen wirken in der genannten Art und Weise? Im Folgenden wird ein Idealtypus der Medienikone entworfen, der sieben Bildmerkmale aufweist (Hellmold 1999; Hamann 2019). Um die Ikonisierung von Fotos plausibel zu machen werden zwei Hypothesen vorausgesetzt (nach: Haller 2008, 67). Zum einen wird davon ausgegangen, dass ein Foto umso wahrscheinlicher einen ikonischen Status erlangt, je stärker die im Folgenden aufgeführten Bildmerkmale ausgeprägt sind (Additivitätshypothese). Sind, zweitens, einige dieser Merkmale nicht oder kaum ausgeprägt, müssen andere Merkmale sie als Voraussetzung für die Möglichkeit einer Ikonisierung ersetzen (Komplementaritätshypothese). Weitere Bedingungsfaktoren wie etwa ikonografische Traditionen oder geschichtskulturelle Konjunkturen sind ebenso relevant, können aber hier nicht weiter entfaltet werden.

Bildmerkmale von Medienikonen

1. Immersion

Fotos werden in einem zeitlich-räumlichen Abstand zum Gezeigten rezipiert. Die Adressierten können also Anteil nehmen, ohne teilzunehmen. Sie können im Alltag am Außeralltäglichen aus der Distanz und ohne Gefahr partizipieren. Medienikonen erzeugen dennoch häufig die Suggestion eines unmittelbaren „Dabei-Seins“, eines „Eintauchens“ in die „Welt“ des Bildes.

Diese Prozesse des „Eintauchens“ werden medienwissenschaftlich mit dem Konzept der Immersion beforscht. Mit Oliver Grau kann unter Immersion eine „mentale Absorbierung“ verstanden werden, deren Kennzeichen die „Minderung kritischer Distanzierung und eine emotionale Involvierung“ ist (Grau 2005, 97). Welche Bildeigenschaften begünstigen diese immersiven Wirkungen?

a) *Bildrahmen:* Grundsätzlich begünstigt eine Fotografie das „Eintauchen“ in besonderer Weise. Denn in den Veröffentlichungen wird die Fotografie ohne einen Rahmen gezeigt. Ein Rahmen aber markiert das Gezeigte als ein bloßes Bild. Er stört die Illusion, man sei direkt dabei und macht vielmehr deutlich: Dies ist ein Bild. (Güntzel 2014, 309)
b) *Bilderblicke:* Eine Stärkung der immersiven Wahrnehmung wird durch das Motiv des Bilderblicks erzeugt (Kes-

kin 2014, 336–340). Dieser ist hier in zweifacher Hinsicht relevant, nämlich erstens als Blick einer bildexternen Person auf das Abgebildete und zweitens als vermeintlicher Gegenblick einer/eines Abgebildeten auf die-/denjenigen vor dem Bild. Diese Blickbegegnungen überspringen die Schnittstelle zwischen Bild und Nichtbild und konstituieren eine fiktive „Kontaktzone". Die Bildfigur und die Person vor dem Bild treten durch den Blickaustausch scheinbar in eine Interaktion – der bildimmanente Blick auf die betrachtende Person wirkt emotionalisierend (Geerth 2015, 98). Es scheint, als würde die/der im Bild Erblickte zum Leben erweckt, ihr/sein fotografischer Blick „nach Außen" wird sprechend – man könnte meinen, dass Sie/er eine Botschaft vermittelt.

Beispiele: Schreckensblick einer Frau im Bombenkrieg in Düsseldorf 1944 (unbekannt); Der Schrei des nackten Mädchens Kim Phúc 1972 (Nick Ut); Das Gesicht Hanns Martin Schleyers in der Geiselhaft 1977 (Rote Armee Fraktion); Die leuchtenden Augen des afghanischen Mädchens Sharbat Gula 1984 (Steve McCurry)

c) *Blicke heute und damals:* Die Person vor dem Bild ist vermeintlich auch dann Teil des Bildes, wenn sich seine bildexterne Perspektive im Bild selbst durch eine Person verdoppelt. Dies ist bei Rückenansichten von Bildfiguren gegeben, die im Bild zentral positioniert sind.

   Beispiel: Demonstration/Aufstand am Potsdamer Platz in Berlin 1953 (Wolfgang Albrecht): „gemeinsam" mit den abgebildeten Steinewerfern blicken die Betrachter*innen der Aufnahme auf die Kanonenrohre der sowjetischen Panzer. Diese wiederum sind auf die Steinerwerfer gerichtet und damit auch bildextern vermeintlich auf das Publikum im Betrachterraum vor dem Bild. Der zeitliche Abstand, die Kluft zwischen der Vergangenheit (Panzerkanonen) und der Gegenwart (empfundene Bedrohung) wird durch die visuelle Gestaltung übersprungen.

d) *Bewegung in das Bild hinein:* Aufnahmen, die in der Art einer Zentralperspektive mit einem in der Tiefe des Raumes situierten Fluchtpunkt gestaltet sind, lenken

den Blick der/des Bildexternen in die Tiefe des (Bild-) Raumes. Dies ist insbesondere dann der Fall, wenn die Fluchtlinien unmittelbar an den unteren Bildrand stoßen und den Rezipierenden den Eindruck vermitteln, sie würden die Grenze zwischen dem Bildraum und dem realen Raum vor dem Bild „überspringen".
Beispiel: Bei der Aufnahme vom Torhaus Auschwitz-Birkenau 1945 (Stanislaw Mucha) steht die betrachtende Person vermeintlich zwischen den Geleisen, die in die Tordurchfahrt münden und geht „in das Bild hinein".

e) *Bewegung aus dem Bild heraus:* Eine immersive Funktion haben schließlich auch Bildelemente, die sich auf die Person vor dem Bild zu bewegen. Dies gilt insbesondere dann, wenn sich die Bildfläche im Vordergrund imaginär in den externen Raum vor dem Bild ausdehnt.
Beispiel: Scheinbar leichtfüßig-elegant überspringt der fliehende Volkspolizist Conrad Schumann 1961 (Peter Leibing) den Stacheldraht und bewegt sich vermeintlich direkt auf die Betrachter zu.

2. Kontraste

Folgt man dem Kunsthistoriker Gottfried Boehm, sind Bilder generell gekennzeichnet vom Kontrast der einzelnen Elemente untereinander und kennzeichnen so die spezifische Eigenart der Bilder. Infolge dieser „ikonischen Differenz" lassen sie „Sinn aufscheinen, der zugleich alles Faktische überbietet" (Boehm 1994, 30). Auch die/der Fotografierende kann solche „starke" Bilder im Sinne Boehms erzeugen; die wesentliche Bedingung für „starke" Fotografien sei es, eben eine solche „ikonische Spannung kontrolliert aufzubauen und dem Betrachter sichtbar werden zu lassen" (Ebd., 35). „Ikonische Spannung" wird insbesondere dann entwickelt, wenn das Bild mit Gegensatzpaaren arbeitet. Am offensichtlichsten trifft dies auf den David-Goliath-Topos zu. Das Motiv „Kampf eines offenkundig Schwächeren gegen einen Stärkeren" ist als lebensweltliches wie politisches Motiv bekannt, ikonografisch tradiert sowie publizistisch häufig reproduziert. Den Interpretierenden wird eine Wertung nahegelegt: Der Stärkere handelte illegitim und unmoralisch, allein weil er seine Stärke gegenüber dem/den Schwachen ausspielt; Schwachen müsse geholfen werden. Und das Handeln der/des Schwächeren sei deswegen legitim, weil sie/er der Schwächere ist. Der David-Goliath-Topos legt Rezipient*innen durch den Bezug auf moralische Normen ein Urteil von hoher Evidenz und Legitimität nahe.

Das Motiv von David und Goliath untersetzt so den visualisierten historischen Moment mit einer konventionellen Moral von Gut und Böse. Diese Strategie stärkt den politischen Anspruch des Symbolbildes, dessen Überzeugungskraft und damit dessen soziale wie historische Reichweite. Denn was gut und böse ist, das hat schon vorpolitisch eine Legitimität und einen normativen Anspruch, welcher jenseits von historischen Kontexten und noch vor historischen Kenntnissen Gültigkeit hat. Diese Strategie kann als eine Form der Reduktion verstanden werden, durch welche die historische oder politische Komplexität um der Kommunizierbarkeit willen auf moralische Kategorien zurückgeführt wird. Das David-Goliath-Motiv ist gerade deshalb in der journalistischen Bildberichterstattung ausgesprochen weit verbreitet.

Beispiele:

- Goliath in Gestalt einer Waffe: Die Rolle des Goliaths wird häufig durch Panzer verkörpert: Berlin 1953 (Wolfgang Albrecht), Brünn 1968 (Ladislav Bielik) oder Peking 1989 (Stuart Franklin, Jeff Widener, Charlie Cole).
- Goliath in Gestalt eines Mannes: Die Goliath-Rolle wird häufig von bewaffneten Männern (Militär, Polizei) eingenommen: Demonstration in Paris 1967 (Marc Riboud) und in Kiew 2004 (Vasily Fedosenko).
- David in Gestalt eines Kindes: In der Position des David befinden sich meist einzelne Zivilisten, Kinder und Frauen. Die Zivilisten sind unbewaffnet, wehr- und schutzlos. Das Kind ist per se der Schwächere und die Verkörperung der Unschuld schlechthin. Die Asymmetrie wird durch das leidende Kind betont und erzeugt dadurch affektive Wirkungen bzw. mobilisiert Empathie: Aufstand im Warschauer Ghetto 1943 (Franz Konrad); Kim Phúc 1972 (Nick Ut).

- David in Gestalt einer Frau: Mit der Frau in der David-Position wird die binäre Geschlechterordnung mit all ihren semantischen Konnotationen von Schwäche und Schutzbedürftigkeit reproduziert. Die Frau wird zudem häufig in besonderer Weise als weiblich charakterisiert – zum Beispiel durch Attribute wie Haltung, Kleidung oder Gegenstände: Black-Lives-Matter-Demonstration in Baton Rouge 2016 (Jonathan Bachmann).

3. Gebärden, Gesten, Gegenständliches

Die Suggestion, die Medienikone sei selbsterklärend, wird besonders dann gestützt, wenn das Bildmotiv selbst symbolische Zeichen visualisiert. So können die Adressat*innen Bezug nehmen auf Zeichen, deren Bedeutung schon konventionalisiert ist. Dieses Vorwissen kann genutzt werden, um die Medienikonen mit Sinn zu unterlegen. Häufig sind Gestik und Mimik von Figuren ikonografisch tradiert oder in ihrer lebensweltlichen Bedeutung konventionalisiert: Sie visualisieren Stimmungen und Gefühle, die auch kulturübergreifend verstanden werden (Geerth 2015, 100).

Beispiele:

- Vor-Bilder: Die Aufnahme von Thomas E. Franklin vom 11. September 2001 in New York zeigt drei Feuerwehrmänner, die auf den Trümmern der zerstörten Zwillingstürme des World Trade Centers die US-amerikanische Flagge hissen. Die Fotografie ist in dreierlei Hinsicht symbolisch konnotiert. Die Flagge steht erstens als symbolisches Zeichen für die USA und das Hissen einer Flagge ist zweitens ein konventioneller Akt des Bekenntnisses zur Nation. Franklins Aufnahme wiederum zitiert drittens ikonografisch ein „Vor-Bild", nämlich die kanonische Aufnahme von Iwo Jima 1945 (Joe Rosental), welche ihrerseits die US-amerikanische Überlegenheit gegenüber dem japanischen Gegner visualisieren wollte. Beide Fotografien wurden erinnerungskulturell dadurch nobilitiert, dass sie zu Motiven von US-Briefmarken gemacht wurden.
- Gebärden/Gesten: Diese können eine symbolische Funktion übernehmen. Die erhobenen Hände als Zeichen des Sich-Ergebens sind ein Beispiel dafür, so beim Jungen aus

den Warschauer Ghetto 1943 (Franz Konrad), der Händedruck als ein Zeichen des Einvernehmens 1946 von Pieck und Grotewohl (Herbert Hensky) oder der Kniefall Willy Brandts 1970 (Sven Simon; = Axel Springer jr.) als Zeichen der Demut und Trauer.

- Gegenständliches: Auch Bauten wie zum Beispiel das Brandenburger Tor, die Twin Towers oder Gegenstände wie das christliche Kreuz können symbolische Funktionen übernehmen.

4. Dramatisierung

Eine besondere emotionale Wirkung haben Darstellungen von Situationen existenzieller Bedrohung. Zu diesen gehört zum Beispiel der Moment des Todes als entscheidender Augenblick.

Beispiele: Der fallende Soldat im Spanischen Bürgerkrieg 1936 (Robert Capa); der Moment, in dem die tödliche Kugel John F. Kennedy 1963 trifft (Abraham Zapruder); die öffentliche Hinrichtung des Vietcong Nguyen Van Lem in Saigon 1968 (Eddie Adams)

5. Personalisierung

Komplexe historische Zusammenhänge erscheinen verdichtet in einer Situation, in der pars pro toto eine Person für eine ganze Gruppe von Menschen oder ein historisches Geschehen steht.

Beispiele: Die achtjährige Arbeiterin Addie Card visualisiert 1910 die Not der Kinderarbeit in US-amerikanischen Fabriken (Lewis Hine). Der kleine Junge aus dem Warschauer Ghetto 1943 steht für die verfolgten Jüdinnen und Juden (Franz Konrad). Der 2001 in New York in die Tiefe stürzende Mann repräsentiert die Opfer des Anschlags der Taliban (Richard Drew). Der Leichnam des ertrunkenen Aylan Kurdi am Stand von Bodrum (Türkei) steht 2015 stellvertretend für die im Mittelmeer ertrunkenen Migranten, für das Scheitern der Flüchtlingspolitik (Nilüfer Demir).

6. Synästhesie

Fotografien werden zwar (an)gesehen. Sie können aber Elemente aufweisen, die Sinneseindrücke anregen, die über das bloße Sehen hinausgehen (Synästhesie). Die Aufnahmen legen in solchen Fällen ein Hören des Gezeigten nahe, ein Spüren oder ein Riechen.

Beispiele:

- Durch die Unschärfe des Fotos von der Landung in der Normandie 1944 (Robert Capa) wird nahegelegt, die Erschütterungen der Gefechtssituation wahrzunehmen. Die Unschärfe der Fotografie erzeugt den Eindruck ihrer besonderen Authentizität, sie bezeugt das Gesehene in nahezu affektiv wirkender Weise. Die Unschärfe des bekannten Fotos ist aber nicht Ausdruck der gezeigten „erschütternder" Gefechtssituation, sondern war ein nicht beabsichtigtes Ergebnis der fehlerhaften Filmentwicklung.
- Das Mädchen Kim Phúc „schreit" 1972 (Nick Ut).

Die Fotografie als Fixierung von Licht in einem Sekundenbruchteil stellt faktisch nicht das Davor und das Danach des abgelichteten Moments dar. Dennoch können Bildeigenschaften in der Wahrnehmung der Betrachter*innen eine zeitliche Dehnung des Moments nahelegen. Unschärfen im Bild suggerieren zum Beispiel gedehnte Zeit. Bewegungen aus der Tiefe des Raums werden durch zentralperspektivisch anmutende Kompositionen nahegelegt. Der „einzige Augenblick", der im Bild „fruchtbar genug gewählt" (Gotthold Ephraim Lessing) lässt die Betrachter*innen das Vorhergehende und das Folgende imaginieren. 7. Zeit

Beispiele:

- Der 1936 (in konventioneller Leserichtung von links kommende) angreifende Soldat im Spanischen Bürgerkrieg wird von einer Kugel aufgehalten und fällt zurück (Robert Capa).
- Aus der Tiefe des (Bild-)Raumes kommend springt Conrad Schumann 1961 über die Berliner Sektorengrenze (Peter Leibing).
- Vor einem Bombenangriff flieht Kim Phúc 1972 (Nick Ut). Die Ursache der gezeigten Handlungssequenz liegt in der Vergangenheit.
- Der Sandinista Pablo „Bareta" Arauz hält 1979 in der linken Hand sein Gewehr und in der rechten den schon

brennenden Molotov Cocktail. Sekunden später wird er diesen werfen (Susan Meiselas).

- Der 2001 aus den Twin Towers fallende Mann wird Sekunden gleich zu Tode kommen (Richard Drew).

Index **Das Foto als Abdruck/Spur vergangener Wirklichkeit**	**Ikon** **Das Abbild und seine Eigenschaften als Bild**	**Symbol** **Das Foto in seinen sozialen Funktionen**
• Garantie: „Es-ist-so-gewesen." • Vieldeutigkeit des Fotos	• „Wirkungs-/Urteils"-Generatoren: Emotion/Moral • Immersion • Kontraste • Gebärden, Gesten, Gegenständliches • Dramatisierung • Personalisierung • Synästhesie • Zeit	

Medienikone

Festzuhalten ist also, dass nicht wenige der ikonischen Bilder allein deswegen einen hohen Bekanntheitsgrad erlangen, weil ihre Ästhetik rezeptionspsychologische Bedürfnisse des Publikums nach Emotion und Moral niedrigschwellig bedient. Sie sind „fast immer überkonstruiert" (Barthes 2001, 55), in ihrer Botschaft allgemein verständlich und fordern den Rezipient*innen wenig ab bzw. sie wenig heraus (Geimer 2022, 124 f.). Schließlich ist festzuhalten, dass eine fotohistorisch begründete ästhetische Qualität die Ikonisierung von Fotos zwar begünstigt, nicht aber eine zwingende Voraussetzung für sie ist. So können Fotos viele der genannten Bildmerkmale aufweisen, ohne dass sie den Status einer Medienikone erlangen. Nur jene erlangen diesen Status, die zugleich auch soziale Bedürfnisse befriedigen und gesellschaftliche Funktionen übernehmen – nur sie werden zu Symbolen. Entscheidend ist also die Perspektive der Rezipient*innen. Das eingangs zitierte Beispiel des Fotos von Langertor Auschwitz-Birkenau zeigt dabei. Die „Lektüre der Fotografie“ ist also „immer historisch; sie hängt vom Wissen der Leser ab“. (Barthes 1990, 23) Diese allgemeine Aussage zur Fotorezeption ist insbesondere bei Medienikonen von Relevanz. Darum geht es im Folgenden.

3.3 Die Funktionen ikonischer Vergegenwärtigung

Durch einen Vergleich der Eigenschaften von sakralen Kultbildern des Christentums mit säkularen Ikonen der Mediengesellschaften können zentrale Eigenschaften von Medienikonen historisch erklärt werden. In einem zweiten Schritt werden die grundlegenden sozialen und kommunikativen Funktionen von Medienikonen der Gegenwart skizziert.

Kultbilder – Medienikonen

Index

Eine erste grundlegende Gemeinsamkeit von religiösen Ikonen und Medienikonen liegt im Merkmal des Abdrucks (Index). Als Urbild der Ikonen können die Tuchbilder gelten, zum Beispiel das Turiner Grabtuch oder das Schweißtuch der heiligen Veronika („vera ikon“ – das „wahre Bild“). Das Bild sei bei den Tuchbildern nicht von Menschenhand („acheiropoieton“) erzeugt worden, sondern als Abdruck durch den direkten Kontakt des Tuches mit dem Körper oder dem Gesicht von Jesus Christus. Weil dieser durch den Abdruck im Abbild „*leib*haftig“ anwesend sei, komme auch der Betrachter der Ikone mit diesem gleichsam in „Tuchfühlung“. Die Tuchbilder würden Gottes Sohn nicht nur zeigen, vielmehr erscheine er in diesen. Die Ikone ist also nicht allein ein Bildmedium, sondern auch ein „Kontaktmedium“ (Belting 2005, 50). Der gläubige Betrachter erfahre im Betrachten der Ikone die weltliche Anwesenheit Gottes trotz seiner irdischen Abwesenheit. Denn die Ikone „verkörpert“ in dieser Auffassung die Verbindung der diesseitig materiellen Welt mit der transzendenten Existenz Gottes.

Von der Ikone geht demzufolge die auratische Anmutung einer Nähe zu Gott aus. Analog dazu vermittele die Fotografie die authentische Teilhabe an der im Bild dargestellten Vergangenheit. Denn im Moment der Aufnahme wurde die damalige Reflexion des Lichtes auf einer lichtempfindlichen Oberfläche fixiert und für später konserviert. Es ist das Licht der Vergangenheit, welches der heutige Betrachter so sieht, wie es die/der Fotografierende damals gesehen hat.

Wahrheit

Ein weiteres verbindendes Moment zwischen den sakralen Ikonen und den säkularen Medienikonen liegt in der besonderen „Wahrheit", die beiden unterstellt wird. Wie die Ikone ein heiliges Kultbild ist, in dem sich Göttliches zeige, so können Medienikonen gleichsam als weltliche Andachtsbilder verstanden werden – nämlich als bedeutsame Bilder, die die Betrachtenden teilhaben lassen an Wesentlichem: dem besonderen historischen Moment, in dessen kontingenter Besonderheit sich die Wahrheit des Allgemeinen erkennen lasse. Über die Fotografie wurde gesagt, von ihre gehe eine „magische Evidenz" aus, eine „Suggestion von Bedeutsamkeit" aus (Bolz 1996, 31). Dies gilt insbesondere für Medienikonen.

Narration

Mit der religiösen Ikone ist oft eine biblische Geschichte verknüpft, die die Betrachtenden (in vormodernen Kontexten hegemonialer religiöser Existenzdeutung) kennen und sich durch den Anblick des Bildes vergegenwärtigen. Bild und Geschichte bilden eine – im Sinne von Peirce – symbolische Einheit. Das Bild steht symbolisch für die Geschichte. Auch die Medienikone weist jene symbolische Verknüpfung auf, denn in der medialen Kommunikation steht sie als Bild für eine Narration, die zu beglaubigen und zu illustrieren ihre Funktion ist.

Repetition

Eine vierte Gemeinsamkeit zeigt sich im Gebrauch der Bilder, in den religiösen, kulturellen und medialen Praktiken ihrer Nutzung. Als Folge ihres sakralen/säkularen Status' werden sie in steter Repetition und Zirkulation immer wieder angesehen: beim Ritual des Gottesdienstes und dem Gebet einerseits, durch die wiederholte (cross-)mediale Veröffentlichung andererseits.

Kultbild	Funktion	Medienbild
Abdruck des Körpers auf einem Tuch	Beglaubigung	Abdruck des Lichtes auf lichtempfindlicher Oberfläche
Existenz Gottes – sakrale Wahrheit (Erlösung)	Vergegenwärtigung	Vergangenheit – säkulare „Wahrheiten" (Moral)
biblische Erzählung	Verknüpfung	historische Erzählung
Kontemplation	Wahrnehmung	Emotion
Ritual (Gottesdienst, Gebet)	Erinnerung	Repetition (Medien)
glaubensorientiertes Leben	Appell	wertorientiertes Handeln

Ikonen als Kult- und als Medienbild

Orientierung, Kommunikation, Rezeption

Überlegungen der Kultursoziologie zu Symbolen können helfen, die sozialen Funktionen der Medienikonen zu verstehen (Soeffner 2000, 2010). Danach „vergegenwärtigt" das Symbol „Erinnerungen an Erfahrungen in außeralltäglichen Wirklichkeiten, die aus anderen Zuständen in den Normalzustand des Alltags zurückgebracht worden sind" (Schütz/Luckmann 2003, 655). Übertragen auf das hier behandelte Thema heißt dies: Der Medienikone repräsentiert als Symbol den außeralltäglichen historischen Sachverhalt und dessen Deutung im medialen Alltag der Rezipient*innen. Medienikonen sind in diesem Sinne säkulare Entsprechungen sakraler Kultbilder.

Gemeinschafts-Zeichen, Identitäts-Zeichen

Historische Kollektivsymbole wie Medienikonen synchronisieren und verdichten die Erinnerung einer sozialen Gemeinschaft an eine Vergangenheit, die von dieser Gemeinschaft für relevant erachtet wird. Sie integrieren Menschen mit gemeinsamer Erfahrung, Erinnerung und Kultur in „Erinnerungsgemeinschaften" (Max Weber) und „Erzählgemeinschaften" (Müller-Funk 2008, 14). Sie sind dadurch ein Mittel sozialer Kohäsion. Als Symbole für geschichtskulturelle Narrative haben Medienikonen auch eine politische

Dimension. Sie dienen dazu, politische Deutungen historischer Sachverhalte mehrheitsfähig zu repräsentieren, denn politische Ordnungen und deren Politik benötigen Erzählungen, die ihnen und ihrem Handeln Legitimität geben. Erzählgemeinschaften verfügen mit Symbolen über „Erkennungszeichen" ihrer Vergemeinschaftung.

Orientierungs-Zeichen

Fotografien können gemeinsamer Identität Ausdruck geben und innerhalb der Gemeinschaft wie auch nach außen relevanten, Orientierung gebenden Sinn vermitteln. Insofern sind sie auch Symbole von politischen Wertegemeinschaften. Als Bildformeln des Antitotalitarismus fungieren zum Beispiel die Motive, welche die Konfrontation von Panzern gegen Zivilisten zeigen (1953, 1968, 1989). Fotografien, welche Zivilisten im Konflikt mit Uniformierten präsentieren, werden als Ausdruck einer liberalen Gesellschaft genutzt, die ihre Interessen gegenüber staatlicher Macht artikuliert. Fotos von Kinderarbeit dienen humanistischen Anliegen; andere Motive betonen christliche (z. B. Peter Fechter 1961) oder patriotische (z. B. Iwo Jima 1945, Nine Eleven 2001) Bezüge.

Das Symbol muss sich nicht dem rationalen Diskurs stellen, denn es repräsentiert die ohnehin von der Erinnerungsgemeinschaft geteilten Werte und Narrative. In der Rezeption des Alltags funktionieren Medienikonen wie „Faktizitätsmaschinen, die Orientierung erleichtern und Erinnerung speichern" (Lethen 2004, 70).

Um diese Funktionen erfüllen zu können, müssen Symbole „Spannungen, Widersprüche und Differenzierungen" innerhalb der Erinnerungsgemeinschaft oder gar zwischen verschiedenen Erinnerungsgemeinschaften aufnehmen und aufheben (Dreher 2007, 469; Soeffner 2010, 36 f.). Dies ist dann gegeben, wenn das symbolische Bild „unterschiedliche, miteinander scheinbar unverträgliche Bedeutungen, Gefühle, Werte und Tendenzen zu einer bildhaft ausgeformten, *widersprüchlichen Einheit* [...] verknüpfen können". (Soeffner 2000b, 199 f.) Die Herstellung einer solchen Einheit gelingt durch den Bezug auf Moral, die verletzt wird, und die sich daran anknüpfenden Emotionen. Die Bewertung des Gezeigten erscheint als evident. Insofern entziehen sich die mit Medienikonen verbundenen Geltungsansprüche dem diskursiven Verlangen und fordern Zustimmung ein. Die Abbildung, so Roland Barthes, ist in diesem Sinne, „gebieterischer als die Schrift, sie zwingt uns ihre Bedeutung mit einem Schlag auf, ohne sie zu analysieren, ohne sie zu zerstreuen“ (Barthes 2001, 87).

Merk-Zeichen, Relevanz-Zeichen

Medienikonen speichern diese kollektiven Deutungen, vergegenständlichen sie und machen sie so kommunizierbar. „In einer Ära der Informationsüberflutung“, so Susan Sontag, „bietet das Foto eine Methode, etwas schnell zu erfassen und gut zu behalten“ (Sontag 2003, 29). Als fotografisches Medium sind sie leicht reproduzierbar, medial distributionsfähig, crossmedial umzuwandeln und einzubetten in andere Medienformate (Denkmal, Comic, Film ...) und bieten damit medientechnologisch die Chance hoher kommunikativer Reichweiten.

Sie vermitteln als geschichtskulturelle „Erinnerungsmarken“ (Soeffner 2010, 26) sinnhafte Orientierung in den temporalen Ordnungen geschichtswissenschaftlicher bzw. -kultureller Konstruktionen. Sie sind „visuelle Eselsbrücken“ (Berendt 2005, 28) bei der individuellen Aneignung und Speicherung deklarativen Wissens und konventioneller Narrative. Sie begünstigen zudem kognitive Entlastung und Komplexitätsreduktion.

Medienikonen strukturieren zugleich historische Erzählungen. Denn als „Bedeutsamkeitsakzente“ (Soeffner 2010, 18) gelangen insbesondere Medienikonen in die mediale Zirkulation, welche Krisenzeiten und/oder Zeiten des markanten politischen Umbruchs thematisieren. Sie gliedern geschichtskulturelle Narrative durch die Markierung der historischen Zäsur (so z.B.: 1933, 1945, 1989, 2001) bzw. geben einer solchen Gliederung visuellen Ausdruck. Medienikonen sind daher geschichtskulturelle Zeichen einer medialen Konstruktion von historischer „Wirklichkeit“ (Berger/Luckmann 1990). Denn grundsätzlich sind – je nach Standortgebundenheit – andere Setzungen möglich.

Index Das Foto als Abdruck/Spur vergangener Wirklichkeit	Ikon Das Foto als Abbild und seine Eigenschaften als Bild	Symbol Das Foto in seinen sozialen Funktionen
• Garantie: „Es-ist-so-gewesen." • Vieldeutigkeit des Fotos	• „Wirkungs-/Urteils-"Generatoren: Emotion/Moral • Immersion • Kontraste • Gebärden, Gesten, Gegenständliches • Dramatisierung • Personalisierung • Synästhesie • Zeit	• Verknüpfung Symbol – historische Erzählung • Gemeinschafts-, • Identitäts-, • Orientierungs-, • Relevanz-, • Merkzeichen

Medienikone

Reichweiten symbolischer Funktionen (Zeit, Raum)

Gedächtnis: kulturell, kommunikativ

Michael Schirners oben erwähnte Ausstellung macht auch Folgendes deutlich: Heute haben die Bundesdeutschen andere „Bilder im Kopf" als 1985. Nur einige von den damaligen Medienikonen haben sich bis heute im öffentlichen Gedächtnis festgesetzt oder wurden gar erinnerungskulturell durch offizielle Institutionen nobilitiert. So sind zum Beispiel folgende Aufnahmen als Briefmarkenmotive verwendet worden: im Jahr 2003 das Bild der Steinewerfer vom Potsdamer Platz (1953) oder 2021 Willy Brandts Kniefall in Warschau (1971). Das Bild von Conrad Schumanns Sprung über den Stacheldraht in Berlin (1961) ist sogar in das Memory of the World Register der UNESCO aufgenommen worden (2011). Dagegen ist die Aufnahme „Die Dicke aus der Fuji-Anzeige" bzw. „Sonnenschein" aus dem Jahr 1972 (Christian von Alvensleben), welches eine unbekleidete Frau mit deutlich hohem Körpergewicht und einem Sonnenschirm zeigt, heute nur noch ein kulturhistorisch interessantes Aperu. Die Bilder im Kopf sind also eher eine Wechsel- denn eine Dauerausstellung. Manche dieser Bilder „hängen" lange, andere kommen ins „Depot", werden kollektiv vergessen und durch neue ersetzt. Ein Teil der „Bilder im Kopf der DDR-Bürger"

(Gamper, 1998) erfüllen heute allenfalls nostalgische Funktionen und fallen zunehmend dem Vergessen anheim („Die Hündin Laika", „Jubelnde Menschenmassen beim Besuch Willy Brandts in Erfurt"), andere dieser Bilder sind heute noch bekannt („Sowjetischer Soldat hisst die Flagge auf dem Reichstag").

Global icons?

Kulturvergleiche zeigen zudem, wie sehr Bildhaushalte auf die identitätsrelevante Funktion von sozialen, nationalen, kulturellen Erinnerungsgemeinschaften bezogen sind: Zu den „well-known images" in den USA gehören 2018 zum Beispiel „Sandy Hook children in a line" (Shannon Hicks 2012) oder „Occupy Wall Street, pepper spraying at UC Davis" (Wayne Tilcock 2011) (nach: Dahmen u.a. 2018, 459). In Europa sind diese dagegen weitgehend unbekannt. Der politisch gelenkte Bildkanon Chinas (Schirner 2007) umfasst wiederum Fotografien wie „Der Soldat Fei Leng" oder „Das Mädchen mit den großen Augen". Diese sind außerhalb des chinesischen Kulturraums nicht verbreitet. Die US-Liste ikonischer Aufnahmen macht aber auch deutlich, dass es Fotografien gibt, die sowohl in Deutschland als auch in den USA den Status von Medienikonen haben – so beispielsweise Nick Uts Foto des schreienden Mädchens, das auf beiden Seiten des Atlantiks bekannt ist.

4. Medienikonen – kritisch betrachtet

Geschichtskulturelle Deutungen weisen – Jörn Rüsen folgend: notwendig – die Dimensionen des Kognitiven, Politischen, Moralischen und Ästhetischen auf (Rüsen 2008, 233–271; 249; Rüsen 2013, 253–246). Die verschiedenen Dimensionen unterliegen einer „Tendenz der wechselseitigen Instrumentalisierung" (Rüsen 2008, 250). Verschiedene Medienformate gewichten die genannten Dimensionen unterschiedlich stark: je nach dem Genre, den Adressaten und den Funktionen. Der Anspruch auf historische Triftigkeit konkurriert mit dem politischen Geltungswillen, den normativen Orientierungsangeboten und dem ästhetischen Gestaltungsansprüchen. Entscheidend ist das Genre und dessen eigener Anspruch: Beispielsweise sollte der Dokumentarfilm historisch triftig sein, der historische Spielfilm dagegen nur bedingt. Die geschichtspolitische Rede hat andere Ziele als ein wissenschaftlicher Vortrag. Die Nutzung vom Medienikonen als Motiv erfüllt im Comic erfüllt andere Funktionen als in der Kunst.

Lesearten

Medienikonen

- bestätigen als Bildquellen durch die technische Art und Weise ihrer Herstellung, dass das Gezeigte in der Vergangenheit wirklich war (Sp. 1 kognitive Funktion);
- sprechen durch ihre stimmige Gestaltung „Geist und Gemüt" ihrer Adressat*innen so wirkungsvoll an (Rüsen 2013, 236), dass viele einer Erinnerungsgemeinschaft auf das Bild emotional gleich oder ähnlich reagieren (Sp. 2 ästhetische Funktion);
- begründen durch das Dargestellte die Legitimität der eigenen politischen Ordnung und geben der Erinnerungsgemeinschaft in der Gegenwart und für die Zukunft eine gemeinsame politische Orientierung (Sp. 3 politische Funktion);

- bestätigen in der Gegenwart und für die Zukunft verbindliche Normen und durch die Bewertung des Gesehenen die eigene Orientierung an diesen Normen (Spalte 4 moralische Funktion).

	kognitive Funktion (1)	ästhetische Funktion (2)	politische Funktion (3)	moralische Funktion (4)
Zeitfokus	Vergangenheit	Gegenwart	Gegenwart/ Zukunft	Gegenwart/ Zukunft
Modus der Aneignung	Denken	Fühlen	Wollen	Werten
Sinnkriterium	Beglaubigung (Es-ist-so-gewesen.)	Vergemeinschaftung (Identität der Erinnernden)	Orientierung (politische Identität)	Vergewisserung (Ich-Identität)
Quelle des Geltungsanspruchs	Fototechnik (Index)	Stimmigkeit	Legitimität (Ordnung/ Handeln)	Normen (gut – böse)

Medienikonen in der Geschichtskultur und ihre Funktionen, Darstellung zum Teil in Anlehnung an; vgl. Rüsen 2013, 234-246.

4.1 Kognitive Funktion

Publizieren

Quellenkritik (äußere)

Die Distribution von Fotografien durch Agenturen unterliegt sehr stark dem ökonomischen Kalkül, dies gilt zum Teil auch für Bildarchive. Es gilt weniger das Prinzip der Wissenschaftlichkeit als das der Wirtschaftlichkeit. Selbst bei Medienikonen bieten die Bildlegenden nicht immer vollständige und/oder zutreffende Aussagen (was, wann, von wem, wer, wo, warum?) über die Fotografie an. Eine umfassende und seriöse Bildquellenforschung ist angesichts der Quantität der Überlieferung in den Bildagenturen und digitalen Repositorien vielfach kaum zu leisten.

Es zeigt sich auch, dass das publizierte Positiv mitunter nicht das Vollformat des Original-Negativs abbildet, sondern durch einen Beschnitt oder eine Ausschnittvergrößerung verändert worden ist. Dies geschieht zum Beispiel dann, wenn eine Dramatisierung der dargestellten Situation erreicht werden soll (Berlin 1953). Außerdem ist es gängige Praxis, die Medialität der Fotografie, ihr „Gemacht-sein" auszublenden, um die immersiven Effekte zu stärken. So werden bei Reproduktionen häufig die im Vollformat rechts zu sehenden Fotografen von Nicks Uts Aufnahme durch Beschnitt entfernt (Foto s. S. 56). Durch sie wird nämlich deutlich, dass Bildberichterstattung auch Teil des Medienmarktes ist. In der Summe erschweren diese Faktoren eine angemessene Analyse der Fotografie als Bildquelle und/oder als Medienikonen.

Vereinseitigen

Repräsentativität

Das in der Einleitung aufgeführte Beispiel vom Foto des Lagertors Auschwitz-Birkenau zeigt, dass eine Medienikone nicht zwingend repräsentativ für einen historischen Sachverhalt sein muss. Es gab eben den industriell organisierten Massenmord in den Vernichtungslagern *und* die Erschießungen von bis zu 2 Millionen Verfolgten durch Täter außerhalb der Lager.

Überwältigen

Urteilsbildung

Medienikonen mit ihren Eigenarten und Funktionen sind in den Lehrwerken meistens nicht selbst Gegenstand einer Analyse, sondern sie werden als illustrierende Bildquellen genutzt. Ohne eine reflektierende Auseinandersetzung über den geschichtskulturellen Status der Fotoquelle als Medienikone sind Lernende der Gefahr der Überwältigung ausgesetzt. Und dies ist umso stärker der Fall, je emotional berührender und moralisch eindeutiger das Gezeigte ist. Ästhetik, Moral und Emotion verleiten dazu, wenig triftige Sinnbildungen vorzunehmen und normative Urteile ohne Kenntnis der historischen Kontexte zu fällen. Die Fotografien sind so überwältigend, „dass wir ihnen gegenüber unserer Urteilskraft beraubt sind. [...] Der Photograph hat uns nichts weiter gelassen als das Recht der geistigen Zustimmung." (Barthes 2001, 55)

4.2 Politische Funktion

Pluralität des Erinnerns

Medienikonen stehen als Symbole für die Masternarrative einer „Erzählgemeinschaft" (Müller-Funk 2008, 14) und bestätigen diese mit jeder medialen Repetition. In diesen Erzählungen – und damit auch in den Ikonen als deren symbolischen Repräsentanten – artikuliert sich die Legitimität einer politischen Ordnung und mit ihnen verknüpfen sich auch politische Werte. Denn „jeder Rezeptionsakt ist zugleich ein Bekenntnis zu einer spezifischen Wertordnung." (Assmann 2000, 120) „Vertrautheit mit bestimmten Fotos", so Susan Sontag, „festigt die Vorstellung, die wir uns von der Gegenwart und der unmittelbaren Vergangenheit machen." (Sontag 2003, 99) Historische Deutungen unterliegen jedoch notwendigerweise der Perspektivität und Historizität.

Ausgrenzen

Meistererzählungen

Medienikonen repräsentieren Erinnerungshoheiten, in denen sich „visuelle Majorisierungen und Minorisierungen" (Lobinger 2015, 95) artikulieren. Denn als Teil der Medien- und Aufmerksamkeitsökonomie folgen geschichtskulturelle Repräsentationen in der Regel den ebenso konsens- wie marktfähigen Masternarrativen. Diese exkludieren und marginalisieren damit – unweigerlich – konkurrierende Deutungen minoritärer Erinnerungs- und Erzählgemeinschaften. In Demokratien und offenen Gesellschaften ist aber Erinnerung nur im Plural zu haben. So hat mediales Erinnern mit und durch Ikonen auch – meist unbeachtete – Kehrseiten; und dies umso eher, je diverser Gesellschaften und Demokratien werden. Dauerhaft verfestigte kulturelle Marginalisierungen aber stellen die Legitimität politischer Ordnungen und den gesellschaftlichen Konsens latent in Frage und provozieren Erinnerungskonflikte. Im geschichtskulturellen „Wettkampf der Symbole" (Soeffner 2000a, 256) zeigt sich, dass sich zum Holocaust Medienikonen finden, eine Medienikone in Bezug auf Sinti und Roma hat sich nicht etabliert. Auch der Tod von Millionen von gefangenen und verhungerten sowjetischen Kriegsgefangenen im Zweiten Weltkrieg hat in Deutschland kein ikonisches Bild in der Öffentlichkeit.

Funktionalisieren

Konsensuales Erinnern

Medienikonen zeigen das gesellschaftlich Zeigbare. Anders ausgedrückt: Dieses findet in ihnen einen gesellschaftlich akzeptierten Ausdruck. Am Beispiel der Fotografie des Lagertors von Auschwitz-Birkenau von 1945 (Stanislaw Mucha) lässt sich dies veranschaulichen. Bis Ende der 1950er-, Anfang der 1960er-Jahre dominierte die öffentliche Wahrnehmung des Holocaust als Tat einzelner pathologischer Sadisten oder besonderer Tätergruppen, womit eine Schuldabwehr der Allgemeinheit begünstigt wurde. Auch das darauffolgende Narrativ vom Holocaust als einem bürokratisch-industriellen Prozess zur systematischen Ermordung aller Jüdinnen und Juden kann als Variante dieser Abwehr verstanden werden; denn der Fokus auf Strukturen und Prozesse blendete das konkrete Handeln von Individuen und deren Motive und Verantwortung aus. Der NS-Massenmord wurde so depersonalisiert und dies schonte individuelle Biografien wie die familiäre Kommunikation über die Vergangenheit. Man konnte sich in der Öffentlichkeit dem Holocaust nähern, ohne zugleich die Schuldfrage allzu persönlich werden zu lassen. Ohne eine Darstellung des konkreten Mordens durch konkrete Täter, ohne individuelle, moralische und politische Verantwortung zu visualisieren, konnte die Aufnahme vom Lagertor Auschwitz-Birkenau breit rezipiert und kompatibel für verschiedene Sinnbedürfnisse werden. Sie macht den Holocaust zum Thema und blendet gleichermaßen das konkrete Morden aus.

Vereinfachen

Politik und Wissenschaft

Mehrheitsfähige geschichtskulturelle Erzählungen müssen Sachverhalte vereinfachen, zuspitzen und zu einem schlüssigen Narrativ bündeln. Die Reduktion kann – in Verbindung mit der emotionalen Wirkung und der moralischen Wertung – auch zu Darstellungen führen, die in ihrer Vereinfachung den Ereignissen nicht (mehr) gerecht werden. Die Berliner Blockade 1948/49 wird zum Beispiel oft durch Aufnahmen von Kindern auf Schuttbergen repräsentiert, die alliierten Flugzeugen zuwinken, so z.B. durch die ikonische Aufnahme von Henry Ries (1948). Unschuldigen Kindern auf Schuttbergen, für die sie nicht verantwortlich sind, wird in der Not geholfen – so das moralisch nicht kritisierbare Sinnangebot dieser Aufnahme. Die Blockade der Berliner Westsektoren war jedoch nicht total, der legale Handel mit Gütern des täglichen Bedarfs zwischen den Westsektoren und der SBZ war möglich. Die Wirtschaft in Berlin ist nicht zusammengebrochen („Made in Blockaded Berlin"). Im französischen Sektor erfolgten Demontagen trotz der Blockade weiter. Die Luftbrücke wurde durch die westdeutschen Steuerzahler finanziert („Berliner Notopfer") und nicht durch die Alliierten. Die Medienikone blendet dies aus, denn sie diente auch als „Waffe im Kalten Krieg" (Kunkel 2020).

4.3 Ästhetische Funktion

Der kommunikativen Reichweite wegen und den Erfordernissen einer Aufmerksamkeitsökonomie halber dominieren bei Medienikonen zwei Dimensionen: die Ästhetik als Moment der Emotionalisierung und die Moral als Moment des unabweisbaren Geltungsanspruches. Es wird eher gefühlt und geglaubt als gewusst und begründet. „Ob sich nicht das Gefallen an der Bilderwelt", so mutmaßte schon Walter Benjamin, „aus einem düsteren Trotz gegen das Wissen nährt." (Benjamin 1980, 304)

Verdinglichen

Opfer als Symbol

Durch die bei Medienikonen erfolgte Loslösung aus dem historischen Kontext und die Fokussierung auf Einzelne werden diese als Stellvertreter eines Kollektivs exemplarisiert, damit entindividualisiert und „verdinglicht". Sie werden auf ihre Funktion als Symbol reduziert und damit häufig auf eine Opferexistenz. Die abgebildeten Personen verlieren dabei ihre Biografie und damit im Sinnbild ihr gelebtes Leben.

Sedieren

Abstumpfung

Der Modus der Vergegenwärtigung von Vergangenem durch Medienikonen „verdrängt [...] andere Formen von Verstehen und Erinnern" (Sontag 2013, 103). Das emotionale Bild vermag unter Umständen Betrachter*innen aufwühlen und schockieren. Die stete Wiederholung derselben Bilder lassen Rezipient*innen aber auch in Gleichgültigkeit verfallen. „Subversiv“, haltungsändernd oder gar handlungsmotivierend aber wird die Fotografie erst dann, „wenn sie nachdenklich macht.“ (Barthes, 1985, 49) Medienikonen artikulieren aber nicht das Uneindeutige, Mehrdeutige oder gar Subversive. Es zeigt sich keine kognitive Dissonanz.

4.4 Moralische Funktion

Entwürdigen

Persönlichkeitsschutz

Ein Gegenstand publizistischer wie bildethischer Debatten ist die Frage, ob alles, was gezeigt werden kann, auch gezeigt werden sollte. Das Expandieren der Bilderwelten, die Aufmerksamkeitsökonomie des Medienbetriebs und das Authentizitätsverlangen des Publikums haben die Grenzen des Zeigbaren verschoben. Dies betrifft Bilder der Entmenschlichung, Zurschaustellung, Erniedrigung, Diffamierung, Folter, des Sterbens oder der Inszenierung des Todes (Klonk 2017; Schicha 2021). Auch Tote bzw. Opfer haben als Menschen eine Würde. Diese bildethischen Fragen berühren daher auch den Persönlichkeitsschutz der Abgebildeten.

Entpolitisieren

Enthistorisierung

Die Fokussierung auf die Ästhetik und Moral einer Medienikone begünstigt letztlich a-historische und a-politische Wertungen. Die visualisierten Subjekte werden zu bloßen „Objekten von Mitleid und Betroffenheit“ und mehr nicht (Solomon-Godeau 2003, 67). Empathie und Mitleiden mit den Opfern ist eine Form der Identifikation – sie hat für den Rezipient*innen den Vorteil, sich selbst einerseits in die entlastende Position moralischer Unschuld zu begeben und sich andererseits selbst aufzuwerten (Rüsen 2013, 240). Ein Verharren im Mit-Leiden vermeidet (politisches) Handeln. Moral zudem enthistorisiert in paradoxer Weise das Historische.

5. Geschichtskulturelle Praktiken

5.1 Zirkulationen

„Die Bilder sind Nomaden der Medien. Sie schlagen in jedem neuen Medium, das in der Geschichte der Bilder eingerichtet wurde, ihre Zelte auf, bevor sie in das nächste Medium weiterziehen." (Belting 2001, 214.) Die durch das Smartphone ermöglichte Dreieinigkeit von Aufnehmen, Speichern und Versenden scheint das nomadische Zirkulieren von Bildern heutzutage zu ihrem Merkmal schlechthin zu machen (Hoffmann/Schönegg 2021, 16). Nomaden

Medienikonen sind in besonderer Weise solche „Nomaden". Denn symbolische Geltung kann nur in kommunikativer und durch kommunikative Praxis entfaltet werden. Die Flagge ist erst dann ein Symbol, wenn sie gehisst wird; dauerhaft im Lagerraum liegend wäre eine Flagge nur ein bunt gefärbtes rechteckiges Tuch. Der Orden als ein Zeichen staatlicher Anerkennung verleiht dieser vor allem dann öffentliche Sichtbarkeit, wenn er etwa bei relevanten Veranstaltungen sichtbar getragen wird. In der heimischen Schublade liegend ist er nicht mehr als emailliertes Blech oder Edelmetall. Es lässt sich daher sagen, dass das performative Moment ein konstitutiver Faktor symbolischer Bedeutungszuschreibung ist. Die Medienikone kann ihre symbolischen Funktionen nur dann zur Geltung bringen, wenn sie immer wieder gezeigt wird. Diese mediale Praxis ist insoweit ein immanenter Bestandteil des geschichtskulturellen Gesamtphänomens „Medienikone". Zu diesem gehören neben der ikonischen Fotografie und der durch diese symbolisierte Narration eben auch geschichtskulturelle Praktiken, bei denen die Medienikonen öffentlich genutzt werden. Insofern besteht das Phänomen „Medienikone" im Kern aus dem Symbol, dem Symbolisierten und der Symbolisierung: oder, konkret formuliert, aus der Trias: Medienikone – Narration – Praktiken/Praxis der Geschichtskultur. Trias

Mediale Sektoren

Die symbolbildende und -stützende Praxis der Medienikone ist also die einer kommunikativen und sozialen Zirkulation. Als Nomaden verschlägt es sie in verschiedene mediale Teilbereiche: Sie haben ihren Platz in der Publizistik, sie sind Material für ästhetische Aneignungen und Verfremdungen, sie werden in der Wirtschaft oder in der Politik funktionalisiert. Den Prozess der Ikonisierung verstärken ihrerseits mediale Berichte über Kanonisierungen in Kunst und Kultur oder in der Politik (Perlmutter 1998, 11 ff.; Fahlenbrach/Viehoff 2005, 359–363). Die Veröffentlichung von Medienikonen erfolgt wiederum in medialen Konjunkturen. Anlässe dafür bieten historische Jubiläen oder geschichtskulturell und politisch relevante Ereignisse. Die Zirkulation ikonischer Bilder erhöht sich aus diesen Anlässen und hat dann in der Regel eine affirmative Funktion.

5.2 Erscheinungsformen

Repetitionen

Die basale Erscheinungsform der Zirkulation ist die Repetition – die bloße Wiederholung des Identischen. Das Bildmotiv der Medienikone wird nicht verändert, es sucht sich im Sinne Beltings nur immer neue Bildträger, auf denen es sein „Zelt" aufschlagen kann. Motive der Medienikonen werden zum Beispiel platziert auf Produkten der merchandising history wie zum Beispiel auf Tassen, T-Shirts, auf Verpackungen und Spielkarten, aber auch auf Briefmarken, Münzen etc. Der erinnerungskulturelle Imperativ „erinnert Euch" wird so in den Alltag integriert. Auf einer Kaffeetasse ist die Gestalt des fliehenden Volkspolizisten ein beiläufiger Anstoß zum Erinnern. Auf einem T-Shirt platziert suggeriert das Motiv eine Identifikation des T-Shirt-Trägers mit dem Gezeigten; auf einer Spielkarte eines Quartetts („Vier der originellsten und sensationellsten Fluchten" aus der DDR) oder als Blickfang der Verpackung des Memospiels „DDR" ist es eingebunden in ein Setting des Edutainments.

Remediationen

Medienikonen erhöhen ihre soziale Reichweite durch Remediationen. Sie wechseln ihre mediale Form und werden zum Beispiel als Zeichnung adaptiert (z. B. in Comics, als

Karikatur, in der Werbung) oder sind Objekte ästhetischer Verfremdung. Medienikonen verlassen aber auch die Zweidimensionalität und sind zum Beispiel Motive von Denkmalen oder Spielzeugfiguren. Schließlich wird das ikonische Bild in die Dimension der Zeit übertragen. Motive von Medienikonen werden als lebende Bilder eingebaut in Spielfilmen oder in theatralen Re-Enactements. In Spielfilmen über die Vergangenheit (Historienfilme) haben ikonische Motive die Funktion, die fiktionale Geschichte des Films mit einem Authentizitätsanspruch aufzuwerten.

5.3 Gebrauchsweisen

Medienikonen zeigen sich nicht nur in verschiedenen Erscheinungsformen. Sie werden auch für unterschiedliche Zwecke genutzt. Hier lassen sich in einem ersten Zugriff fünf unterschiedliche Gebrauchsweisen unterscheiden.

Affirmation symbolischer Bedeutung

Affirmation

Die dominante Funktion des Gebrauchs einer Medienikone ist die Affirmation. Die mit der Medienikone verknüpfte Narration und (symbolische/politische) Botschaft wird hier bestätigt. Auch Remediationen repräsentieren Bearbeitungen, welche die symbolische Bedeutung affirmieren. Die beiden Bildbeispiele unten zeigen, dass das symbolische Motiv nicht allein nur bedeutungstragend ist, sondern darüber hinaus auch handlungsleitend für politische Aktionen und Botschaften sein kann. Das Bildmotiv des Tank Man (4. Juni 1989) nach fotografischen Vorlagen von Stuart Franklin und anderen wurde für ein politisches Re-Enactement genutzt.

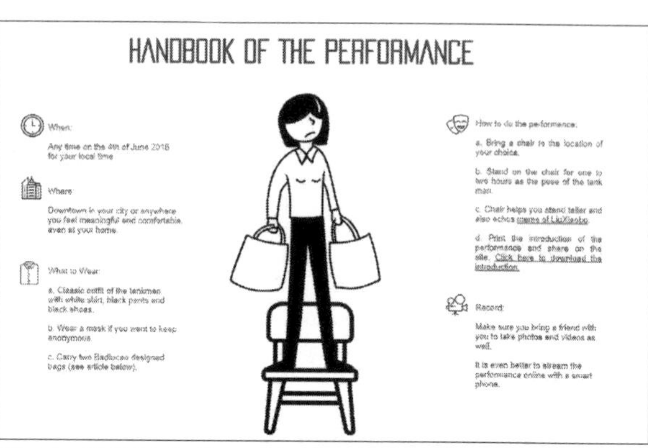

Künstler/Aktivist: Badiucao, Handbook of the Performance (2018)

Re-Enactement 2018, Jessica Hromas, Getty Images

Der Künstler Badiucao begründete seinen Plan für ein politisches Re-Enactement 2018 wie folgt:

„*Tank Man has been a visual totem for protests in China since 1989. But it is also fading away due to brutal censorship and sophisticated propaganda from the Chinese government.*

The only way to keep it alive is to represent it creatively and make the figure relevant to what is happening contemporarily. [...] people can conduct the performance anywhere they want on June 4 in a classic Tank Man outfit – white shirt, black pants and black shoes. Performers can wear masks to protect their identity, and carry two shopping bags displaying political designs that can be downloaded from his site. This is an invitation for everyone who celebrates and defends universal human rights." *(https://hongkongfp.com/2018/05/25/chinese-artist-calls-people-around-world-pose-tank-man-29th-anniversary-tiananmen-massacre/; 3.2.2022)*

Reframing I: Transformation ikonischer Prägnanz

Dekontextualisierung

Verbreitet sind Aneignungen ikonischer Bilder, in denen das formale Bildmuster instrumentalisiert wird für Botschaften, die mit dem ursprünglichen historischen oder politischen Sachverhalt nichts mehr gemein haben (Reframing). Das Bildmuster kann semantisch neu kontextualisiert und für unterschiedlichste Zwecke funktionalisiert werden. An die Stelle des US-amerikanischen Patriotismus bei der Ikone „Iwo Jima" treten zum Beispiel Motive des Lobs kollektiver Anstrengungen (Motiv Corona) oder der Solidarität von Minoritäten, die „Flagge zeigen", damit Stellung beziehen und ihre Ziele gegen Widerstände visualisieren („Kiezklub" St. Pauli, Rechte von Homosexuellen). Das Motiv von Conrad Schumanns Sprung über die Berliner Sektorengrenze 1961 dient der kommerziellen Werbung für Sportschuhe.

Karikatur: Osama Hajjaj (Jordanien), World and Press 1, 1.1.2021, S. 2

11 Freunde, 1/2008, Cover

Werbung für Sneaker der Firma Mesch & Laces, 2021

Gestaltung/Foto: Ed Freeman, 2005

Reframing II: Abwehr oder Entwertung

Subversion

Im Fokus kreativer Auseinandersetzung stehen hier die Geltungsansprüche von Medienikonen, nämlich der Imperativ des Erinnerns oder die (behauptete) „Autorität" der Deutung. Auf diese wird im digitalen Raum zum Beispiel reagiert mit Memes, die das Motiv verfremdend adaptieren (Memefication; Schankweiler 2019; 2021, 275–286). Neben solchen Memes, die das „Vorbild" und seine Botschaft auf neue Art und Weise nur duplizieren, finden sich auch Memes satirischer, parodierender Natur. Mit diesen wird der Anspruch der Medienikone, als Symbol zu gelten, oder gar die Botschaft als solche subversiv-spielerisch unterlaufen.

Anonym: Parodie, 2013, des Tank-Man-Motivs, 4. Juni 1989, nach Fotografien von Stuart Franklin u. a.

Reframing III: Delegitimierung narrativer/politischer Geltungsansprüche

Gegenbilder

Immer wieder wird die ikonische Prägnanz der Medienikonen gezielt für kritische Gegenbilder bzw. Gegenerzählungen genutzt zum Beispiel von Wolf Vostell (Miss Amerika 1968; Requiem 1990), Elmar Hess (Cold War 2009), Zbigniew Libera (Che 2003), Banksy (Napalm 1994) oder Carlos Latuff (Coca-Cola Series 2003). Ein prägnantes Beispiel ist das Cover der CD „Iron Flag" (2001) der US-amerikanischen Hip-Hop-Gruppe Wu-Tang Clan, welches ein Gegenbild des Iwo-Jima-Motivs (1945) inszeniert. Eine Taliban-Version des Iwo-Jima-Motivs visualisiert den (erwarteten) Erfolg des Islam.

Cover der CD „Iron Flag" (2001) der Gruppe Wu-Tang-Clan

Propagandafoto, welches das Bataillon Badi 313, eine „Elitetruppe" der Taliban, zeigen soll; gepostet von Quari Saeed Khosty, August 2011

Reflexion des ikonisch gestützten Erinnerns

Nachdenken über die „Bilder im Kopf"

Schließlich wird auch das bildgestützte Erinnern als solches thematisiert und problematisiert. Die Arbeiten des Künstlers und Fotografen Ernst Volland zeigen dies. Die konventionelle Erwartung an das Medium Fotografie ist eindeutig – als eine gelungene Aufnahme gilt die scharfe Abbildung. Gerade dieses Versprechen perfekter Mimesis erhebt die Fotografie in den Augen der Geschichtswissenschaft in den Stand der ernst zu nehmenden Quelle. Ernst Volland kündigt mit seinem Projekt der „Unscharfen Bilder“ diese implizite Übereinkunft zwischen Bild und Bildrezipient*innen auf. Unschärfe ist bei ihm jedoch kein Defizit, sondern eine Chance (Hüppauf 2005, 241 f.). Nicht das Abbild, nicht die Dokumentation und Evidenz stehen im Vordergrund, sondern die Imagination der Rezipient*innen. Denn Vollands Vergrößerungen von Ausschnitten bekannter Fotografien stimulieren die subjektive Erinnerung an die Medienikonen und beteiligen die Betrachtenden dadurch bei der mentalen „Re-Produktion“ seiner im Kopf gespeicherten Bilder. „Durch die Unschärfe sieht man diese Ikonen erst wieder genauer.“ (Ernst Volland) Auch der Kölner Künstler Peer Boehm arbeitet mit Medienikonen. Durch Bearbeitungen filtert er die wesentlichen Strukturen des Bildes heraus, blendet Details aus und stellt die dadurch entstehenden Leerräume auf Projektionsflächen für individuelle Assoziationen bereit (https://www.peerboehm.de/; 24.5.2022)

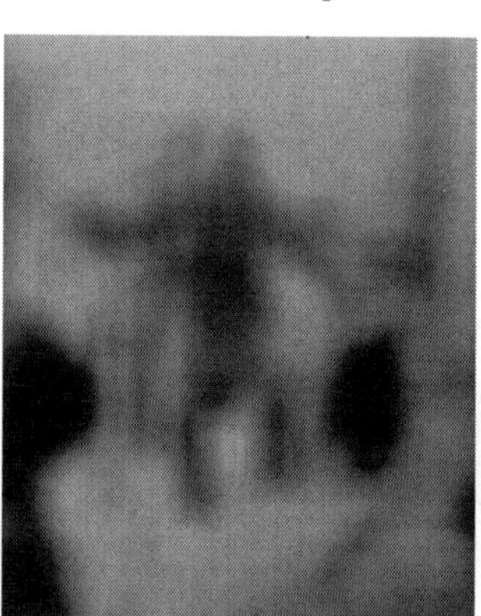

Bearbeitungen der Fotografie des fliehenden Volkspolizisten Conrad Schumann (Peter Leibing 1961); links: Ernst Volland, Projekt „Unscharfe Bilder“, rechts: Peer Boehm, "Berlin 1961", Aquarell und Acryl auf Leinwand, 60x65cm, 2009, Galerie Poll, Berlin (VG Bild-Kunst)

In ihrem Projekt Double Take (2018) wiederum spielen Jojakim Cortis und Adrian Sonderegger mit dem Wechsel von der Zwei- in die Dreidimensionalität und vice versa. Sie transformieren die zweidimensionale Medienikone in ein dreidimensionales Modell, welches an- und abschließend wieder fotografiert wird. Die Double-Take-Bilder unterlaufen damit die symbolische Überwältigung durch das ikonische Bild, dessen konventionelle Deutung und Hermetik sowie seinen Authentizitätsanspruch. Sie lassen Betrachter*innen über die eigene Bildwahrnehmung reflektieren. Ausgangspunkt sind zum Beispiel Robert Capas fallender Soldat (1936), Stanislaw Muchas Aufnahme vom Torhaus Birkenau (1945), Sabrina Harmans Kapuzenmann (2003) oder Tom Kaminskis 9/11 (2001).

Jojakim Cortis, Adrian Sonderegger: Making of „KZ Auschwitz, Einfahrt", 2015, nach Stanislaw Muchas Fotografie von 1945

Zusammengefasst lassen sich also drei Umgangsweisen mit Medienikonen feststellen. Entweder werden sie als Symbol mit ihrer konventionellen Bedeutung publiziert (Affirmation). Oder sie werden neu kontextualisiert (Reframing). Der ikonische Topos wird für partikulare und kontingente Zwecke genutzt (z. B. Werbung), er wird zum Beispiel kritisiert und/oder der Anspruch auf symbolische Geltung abgewiesen. Schließlich steht der Vorgang des Erinnerns an Ikonen selbst im Mittelpunkt (Reflexion).

Affirmation	Reframing			Reflexion
Bekräftigung symbolischer Geltung durch bloße Repetition	Reframing I: Übertragung ikonischer Prägnanz in andere Kontexte (Enthistorisierung)	Reframing II: Abwehr/Entkräftung von symbolischen Geltungsansprüchen als solchen	Reframing III: Delegitimierung narrativer/politischer Geltungsansprüche	Nachdenken über ikonisch gestütztes Erinnern

Funktionen von Medienikonen in geschichtskulturelle Praktiken

6. Theoriegeleitete Praxis

Über den Gemeinplatz, dass etwas in der Theorie richtig sein könne, aber für die Praxis dennoch nichts tauge, räsonierte 1793 schon Immanuel Kant. In einer zugegeben etwas kühnen Übertragung lässt sich – selbstredend in didaktisch reduzierter Formulierung – folgender kategorischer Imperativ der Didaktik formulieren: Handle im Unterricht stets pragmatisch *und* theoriegeleitet. Lehrkräfte wissen aufgrund ihrer Erfahrungen und angesichts der schulischen Realität um die damit einhergehenden Herausforderungen. Die im Kapitel 7 vorgestellten Unterrichtsideen sind von dem Vertrauen geleitet, der kategorischen Selbstverpflichtung theoretisch wie pragmatisch angemessen Rechnung zu tragen. Selbstverständlich loten diese Vorschläge die Möglichkeiten einer didaktischen Auseinandersetzung mit Medienikonen nicht erschöpfend aus.

Kategorischer Imperativ

Thema	**Unterrichtsideen – Kapitel 7**
Vieldeutigkeit der Fotografie	1.1, 1.9
Medienikone als Bildquelle	1.2
Symbolische Funktion der Aufnahme/des Kanons	1.3, 1.12–1.14
Ikonische Gestaltung	1.1, 1.2, 1.4, 1.6–1.8
Geschichtskulturelle Praktiken	1.5, 1.10, 2.3
Rolle des Kon-Textes (Bildlegende)	1.11
Bildwirkung	2.4, 3.1

Medienikonen verstehen heißt, deren mediale Besonderheit (sich und anderen) verständlich zu machen und ihre Wirkungsweise und ihre geschichtskulturelle Funktion als Darstellung zu erklären. Ihre populäre Stellung in der öffentlichen Auseinandersetzung über Vergangenheit und Geschichte bietet es dabei an, als Analyseebenen die unter-

Dimensionen der Geschichtskultur

schiedlichen geschichtskulturelle Dimensionen zu unterscheiden und deren konkurrierenden Ziele und Funktionen zu untersuchen. So bietet eine historische Rekontextualisierung (kognitive Dimension) den Lernenden in zweifacher Hinsicht Einsichten: in Bezug auf die im Bild gezeigte Vergangenheit (Quellenkritik) und in Bezug auf die geschichtskulturelle Nutzung der Fotografie als Medienikone in den jeweiligen zeitlichen-räumlichen und medial-narrativen Kontexten. Hier geht es zum Beispiel darum, was eine Aufnahme nicht zeigt oder „sagt". Die Lernenden sollten auch die ikonischen Bildmerkmale und deren Wirkung auf den Betrachter (ästhetische Dimension mit ihren emotionalen Wirkungen) verstehen. Sie sollten weiterhin diskutieren, ob die Aufnahme den Rezipient*innen zu einer normativen Wertung veranlasst (moralische Dimension). Die Lernenden können den Gebrauch von Medienikonen auch in Hinsicht auf wirtschaftliche Motive prüfen – Motive von Medienikonen werden auch im Handel mit Souvenirs genutzt (ökonomische Dimension). Relevant sind ferner Fragen politischer Natur (politische Dimension): Aus welchen Gründen wird das symbolische Narrativ der Aufnahme von wem mit welchen Absichten genutzt oder etwa verboten? Bildmotive des Tank Man (Stuart Franklin u.a. 1989) werden in China zensiert und nicht veröffentlicht. Werden partikulare Interessen verfolgt oder mediale Rezeptionsbedürfnisse bedient?

Welcher Unterricht

Medienikonen sind auch bestens für einen fächerverbindenden Unterricht geeignet. Vorgestellt werden deshalb auch Ideen zur kulturellen und ethischen Bildung. Die Unterrichtsimpulse sind *nicht* schulstufen- oder jahrgangsspezifisch ausgewiesen und müssen an die jeweilige Lerngruppe angepasst werden. Die Lernenden sollten über das jeweilige historische Kontextwissen verfügen oder sich dieses im Verlauf oder vor der Auseinandersetzung mit der Medienikone aneignen. Das kann zum Beispiel online auf einfache Weise über die Namen der Fotografen oder die Bildtitel erfolgen.

7. Unterrichtsideen

7.1 Historische Bildung

7.1.1 Vieldeutigkeit nachweisen

Ziel

Die Lernenden prüfen mit Argumenten die These, eine Bild sage mehr als 1000 Worte.

Kommentar

Fotografien sagen nichts, sie zeigen das, was im Moment der Blendenöffnung vor der Kamera war. Der Betrachter weiß nicht, was sich vor und nach der Blendenöffnung ereignete. Die Aufnahme bleibt deswegen vieldeutig. Mit dieser Feststellung spielte der Romancier Jacinto Mufioz Rengel, als er Adressaten seiner Website bat zu beantworten, was die von ihm präsentierte Aufnahme zeige. Die Lernenden diskutieren die Antworten, prüfen deren Plausibilität und kontrastieren diese mit dem tatsächlichen Kontext. Sie kommen zu dem Ergebnis, dass Fotografien ohne Erklärung vieldeutig sind.

Material

Dorfszene in Sarracin de Aliste/Spanien, Foto: Christina Garcia Rodero, 1990, Magnum/Agentur Focus

Was war da los?

- „Sie fühlten sich als die Herren der Welt, als Wächter einer Gesellschaft, die sie als perfekt ansahen, geschaffen von Männern und für Männer".
- „Alle steigen auf eine Bank, um ihn kommen zu sehen, außer der Frau, die alle übersahen, bis ein Kind kam. ‚Wollen Sie nicht dazu steigen, Señora?', fragte es. ‚Die werden sicherlich Platz machen.' ‚Ich mache es, wenn sich eine Lücke für mich ergibt', antwortete sie. ‚Aber nicht, wenn ich selbst dafür sorgen muss.'"
- „Ihre sechs Brüder fühlten sich immer überlegen, aber sie, Herminia, war in den Augen all der anderen die Einzige, die mit beiden Beinen auf dem Boden stand."

Was wirklich geschehen war: Silvester 1990 beobachten die Männer am Rande eines Dorffestes in Spanien eine Belustigung. Die Männer, so die Fotografin, „hätten der Witwe angeboten, ihr Platz auf der Bank zu machen. Das habe sie abgelehnt. Dafür fühle sie sich zu wackelig auf den Beinen." (Thomas Urban: Früher war alles besser?, in: Süddeutsche Zeitung, Nr. 47, 26. Februar 2020, S. 8)

7.1.2 Geschichte „hinter dem Bild" recherchieren (Re-Kontextualisierung)

Ziel

Die Lernenden recherchieren online die Geschichte eines Fotos beziehungsweise die der abgebildeten Person und präsentieren ihre Ergebnisse.

Kommentar

Jenseits ihres ikonischen Status ist eine Medienikone eine Fotografie, die einen raumzeitlichen Ausschnitt aus der Vergangenheit zeigt. Das fachlich angemessene Vorgehen ist die Quellenkritik. Ein Teil davon ist die Rekontextualisierung des Gezeigten.

Foto: Lewis Hine: Addie Card, August 1910

Die Lernenden nehmen diese Re-Kontextualisierung vor, indem sie eine Online-Recherche zu einer Fotografie durchführen – hier zum Thema Kinderarbeit in der Industrialisierung am Beispiel einer Fotografie von Lewis Hine (1874–1940) vom August 1910. Der Name des Fotografen wie der Fotografierten kann als Suchbegriff bei der Online-Recherche genutzt werden. Das fotografierte Kind ist Addie Card (1897–1993) in einer Baumwollspinnerei in North Pownal/Vermont (USA). Die Schüler*innen arbeiten die Lebensgeschichten des Mädchens sowie des Fotografen heraus und dokumentieren diese. Der Anforderungsgrad kann dadurch variiert werden, dass entweder nur die Namen des

Fotografen, des Mädchens als Suchbegriffe vorgegeben oder aber folgende Links bereitgestellt werden:

- https://www.smithsonianmag.com/history/through-the-mill-129241573/
- http://elizabethwinthrop.com/wp-content/uploads/2010/02/SocialEducation.pdf
- https://de.findagrave.com/memorial/60379357/addie-card
- https://morningsonmaplestreet.com/2014/11/26/addie-card-search-for-an-amemic-little-spinner-chapter-one/
- https://morningsonmaplestreet.com/2014/12/18/chapter-five-discovering-addies-adopted-family/
- https://de.wikipedia.org/wiki/Lewis_Hine

Weitere Recherchebeispiele

Fotografierte Person(en)	Fotograf*in
Migrant Mother 1936	Dorothea Lange
Kim Phúc 1972	Nick Ut
Kapuzenmann 2003	Sabrina Harman

7.1.3 Symbol erklären

Ziel

Die Lernenden erklären den Begriff, die Bedeutung, die Funktion von Symbolen und erläutern dies an Beispielen.

Kommentar

Der Begriff „Symbol“ kann verdeutlicht werden mit Beispielen aus dem Alltag. Dies können symbolische Handlungen wie Gesten sein (Faust ausstrecken und den Daumen nach oben/unten zeigen; mit ausgestrecktem Finger an die Stirn tippen, mit den Armen wedeln ...; vgl. Liste von Gesten über wikipedia). Es können auch nur Gegenstände (Ehering, Kreuz, Flagge) oder Gegenstände mit bestimmten Farben (rote Rose, rote Ampel, schwarze Kleidung; rote Schnürsenkel) und Kleidungsstücke einer bestimmten Marke sein (Statussymbol; Symbol politischer Orientierung).

Basale Definitionsmerkmale sind folgende:

- Zuordnung von Zeichen und Bezeichnetem: „abc ist ein Zeichen für xyz“; konkrete Symbole (Krone, Kreuz, Flagge, Ringe ...) stehen für Abstraktes (Herrschaft, Christentum, Land, Ehe ...).
- Konventionalität: Die Verbindung zwischen dem Zeichen und dem Bezeichneten beruht allein auf der Konvention; Die Farben Schwarz-Rot-Gold in waagrechter Anordnung stehen für Deutschland; die Farben Schwarz-Gelb-Rot dagegen für Belgien.
- Arbitrarität: Die Konvention der Zuordnung zwischen Zeichen und Bezeichnetem ist willkürlich; Es gibt zum Beispiel Kulturen, in denen die Farbe „weiß“ das Zeichen der Trauer ist und nicht „schwarz“.

Nach der Erklärung und Erläuterung des Begriffs können beispielhaft Funktionen von Symbolen thematisiert werden. Welche Vorzüge haben diese?

- Sie bieten (schnelle) Orientierung in der alltäglichen Kommunikation.
- Sie ermöglichen Anhaltspunkte für das eigene Verhalten.
- Sie vermitteln Handlungssicherheit.
- Sie können ein Zeichen für die Zugehörigkeit zu einer Gruppe, von Identität sein.
- Sie werden auch als Mittel der Abgrenzung genutzt.

Material

Definition des Begriffs „Symbol“ in:

- Klexikon – Online-Lexikon für Kinder: https://klexikon.zum.de/wiki/Symbol)
- Duden: https://www.duden.de/rechtschreibung/Symbol

7.1.4 Medienikone analysieren (Ikonizität)

Ziel

Die Lernenden analysieren eine Medienikone und benennen relevante Bildmerkmale.

Kommentar

In einem ersten Schritt wird erschlossen, wie die Fotografie auf die Lernenden wirkt. Dafür können auch Begriffe vorgegeben werden, welche die Bildwirkung annähernd umschreiben (Wortwolke: Das Bild wirkt auf mich schrecklich, ängstigend, erstaunlich, beruhigend, anregend ...). Eine analytische Annäherung erfolgt über die Frage, warum das Bild in dem beschriebenen Sinne wirkt, welche Bildelemente hier besonders zu beachten sind. Die Untersuchung sollte nicht allein darauf gerichtet sein, *was* zu sehen ist, sondern auch *wie* das Abgebildete gezeigt wird.

Die systematische Untersuchung nutzt anschließend das Analyseraster, welches erläuternd eingeführt wird. Die hier angeführten Kommentare bieten eine Auflistung möglicher Antworten.

Ein sichernder Transfer kann erfolgen durch die Analyse eines anderen Bildmotivs erfolgen; z.B. das vom kleinen Jungen aus dem Warschauer Ghetto. Das Analyseraster muss auf das Beispiel der jeweiligen Bildikone angepasst werden.

Material

Foto: Nick Ut: Kim Phúc, 8.6.1972, picture alliance/AP

Bildmerkmal	Kommentar
• Ich habe das Gefühl, dass ich bei dem gezeigten Geschehen dabei bin – untersuche warum! *(Immersion – Der Betrachter ist im Bild)*	• Bewegung des Mädchens frontal auf den Fotografen bzw. den Betrachter zu • Blicke des Jungen links und vor allem des Mädchens in Richtung Betrachter/Fotografen • Straße gemeinsamer Standort der Kinder/des Fotografen, der Betrachtenden
• Nenne Gegensatzpaare im Bild. • Arbeite heraus, ob damit Aussagen über das Gezeigte verbunden werden können. *(Kontraste)*	• Erwachsene – Kinder • Bekleidete – nacktes Mädchen • Uniformierte – Zivilisten • Angst – Ruhe
• Untersuche, wie jemand seinen Körper, seine Arme oder Hände in besonderer Weise bewegt! • Erläutere, welches Gefühl, welche Haltung darin zum Ausdruck kommt! *(Gebärdefigur)*	• Arme, die nach vorn ausgestreckte sind: symbolischer Ausdruck der Hilflosigkeit angesichts einer überwältigenden Situation • Dem Betrachter frontal zugewandte Figur mit seitlich abwärts gesenkten Armen als Inbild des Leidens (mit ikonographischer Tradition)
• Erkläre, warum das Bild erschütternd, aufregend wirkt! *(Dramatisierung)*	• panische Gesichter der Kinder; Personifikationen des Schreckens (starker Ausdruck von Affekten)
• Begründe, woran man erkennt, welche Person im Mittelpunkt steht! • Die Person ist ein Beispiel für viele andere – begründe, welche Personen dies sein könnten! *(Personalisierung/Personifizierung)*	• Mädchen im Bildmittelpunkt • die Kinder als die Leidtragenden des Krieges/als Opfer des Handelns von Erwachsenen
• Erläutere, ob Du auch etwas hören (Ohr), riechen (Nase), tasten (Haut), schmecken (Mund) kannst! *(Synästhesie)*	• Das Schreien der Kinder (Edvard Munch, Der Schrei) • Detonationen von Bomben • Der Geruch von Rauch
• Erläutere: „Erzählt" das Bild eine Geschichte! *(Zeitstruktur, Abfolge verdichtet im Moment der Aufnahme)*	• Rauch im Bildhintergrund als Zeichen einer Bombardierung; Ursache für die Bewegung nach vorne in Richtung des Fotografen • ansteigende Körpergrößen der Kinder (von hinten nach vorne) vermitteln den Eindruck der Vorwärtsbewegung • die Blicke zurück vermitteln den Eindruck, dass vor etwas davongelaufen wird • verengende Fluchtlinien nach hinten in den Bildraum

Antworten in Anlehnung an Blum, Sachs-Hombach, Schirra 2007

7.1.5 Eine Ausstellung kuratieren, rezensieren

Ziel

Die Lernenden erklären und erläutern die verschiedenen (staatlichen, gesellschaftlichen) Nutzungen von Medienikonen in unterschiedlichen Zusammenhängen für verschiedene Zwecke an ausgewählten Beispielen. Sie diskutieren die Bearbeitungen und entwickeln eine Ausstellung mit ikonischen Bildern.

Kommentar

Die Unterrichtsidee zielt auf ein projektorientiertes und arbeitsteiliges Verfahren. Das Ergebnis ist eine (analoge, digitale) Ausstellung über eine oder mehrere Medienikone/n und deren Variationen.

Die Lernenden wählen eine Medienikone und recherchieren mithilfe der Suchbegriffe (Titel der Aufnahme und/oder Name des Fotografen) die Geschichte der Aufnahme. Das Ergebnis ist ein Teil der Ausstellung. Ergänzend dazu suchen die Lernenden online Beispiele von kreativen Bearbeitungen „ihrer" Ikone – wenn möglich aus den unterschiedlichen Bereichen Medien, Wirtschaft, Kunst/Kultur und Politik. Bei der Internetrecherche werden der Name der Ikone, der Fotografin/des Fotografen kombiniert mit den systematischen Suchbegriffen (z. B. „Migrant+Mother+Briefmarke").

In der Präsentation werden die Varianten (Abweichung von der Vorlage ...) vorgestellt, die damit mutmaßlich verfolgten Zwecke diskutiert und zur Legitimität der Bearbeitungen Stellung genommen. Ergänzend könnte eine eigene, das Motiv ggf. aktualisierende Bearbeitung skizziert/dargestellt werden. Digitale Tools wie z.B. Padlet, flinga.fi; 3D-begehbare Aussstellung Mozilla.hubs (https://hubs.mozilla.com/: sehr innovativ, aber nicht einfach zu handhaben) ermöglichen eine Online-Ausstellung. Variante: Die Lernenden arbeiten nicht zu verschiedenen Ikonen, sondern zu einer einzigen Ikone.

Material (Beispiele)

Fotografierte Person(en)	Fotograf*in
Migrant Mother 1936	Dorothea Lange
Iwo Jima 1945	Joe Rosenthal
DDR-Volkspolizist springt über Stacheldraht 1961	Peter Leibing
Tank Man 1989	Stuart Franklin, Jeff Widener, Charlie Cole
Nine Eleven 2001	Thomas E. Franklin
Falling Man 2001	Richard Drew
Kapuzenmann 2003	Sabrina Harman

Medien	Wirtschaft	Kunst	Politik
• Cartoon • Comic • Caricature/ Karikatur • Meme	• Souvenir • Merch/ Artikel • Gift/ Geschenk • Toy/ Spielzeug	• Art/Kunst • Film/Video • Cover (LP, CD; DVD, Blue-Ray) • Re-Enact-ment	• Stamps/ Briefmarke • Coins/ Münzen • Monuments/ Denkmal • Activism/ politische Aktion

Suchbegriffe für die Onlinerecherche

7.1.6 Bildmotive erläutern (David-Goliath)

Ziel

Die Lernenden analysieren ein zentrales Bildmerkmal von Medienikonen und erläutern die „Botschaft“ des Bildes.

Kommentar

Das David-Goliath-Bildmotiv ist sowohl bei Medienikonen wie auch in der Tagespresse ausgesprochen häufig anzutreffen. Für bekannte Fotografien, die gleiche Motive in unterschiedlichen Kontexten (Personen, Zeiten, Orte) zeigen, hat David D. Perlmutter den Begriff „generic icon“ vorgeschlagen. Die Auseinandersetzung mit diesem Bildtopos hat deshalb auch einen starken Bezug zum gegenwärtigen Medienangebot – von daher findet seine gesonderte Thematisierung seine Begründung. Der Topos wird in der visuellen Kommunikation genutzt, um antagonistische Positionen zu visualisieren und eindeutige Bewertungen bei den Rezipientinnen zur erzeugen. Eine empirische Studie aus den USA (Dahmen 2018) hat zum Beispiel durch Befragungen ermittelt, dass insbesondere solche Medienikonen eine besondere emotionalisierende Wirkung auf die Bildbetrachter*innen haben, bei denen Kinder in unterlegener Position dargestellt werden.

Mithilfe eines Adjektivzirkels (Sammlung von Adjektiven, welche mögliche Gefühlseindrücke beim Betrachten der Fotografie entstehen) oder eines Polaritätsprofils (Sammlung von Adjektiven in Gegensatzpaaren) wird ein erster Eindruck konkretisiert. Daran schließt eine Beschreibung der Fotografie an, die auf die Beantwortung der Frage zielt, warum eben diese Eindrücke entstehen. Eine normative/moralische Bewertung der dargestellten Situation wird begründet und problematisiert: Vertritt der Goliath notwendig immer die Rolle des „Schlechten" und der David immer die Rolle des „Guten"? Vertiefung: Ausgehend von einem Vergleich mehrerer Medienikonen, denen der David-Goliath-Topos zugrunde liegt, wird die Frage diskutiert, warum gerade dieses Motiv bei ikonischen Bildern häufig zu finden ist. Thema kann auch sein, ob Bildbeispiele (Panzer gegen Männer) Bildformeln des Antitotalitarismus sind; andere solche des Liberalismus (Demonstranten gegen Uniformierte) oder des Humanismus (Kinder). Bildbeispiele mit Frauen in der David-Position sind geeignet, im Unterricht Geschlechterrollen und ihre Funktion in der visuellen Kommunikation zu reflektieren.

Foto: Marc Riboud: Junge Frau (Jan Rose Kasmir, 17) mit Blumen in der Hand, Washington 1967, Magnum/Agentur Focus

Foto: Jonathan Bachmann: Stellung beziehen (Iesha Evans, 35) in Baton Rouge, 2016, Reuters

Frauen in der Position des David

Foto: David Lagerlöf: Protest (Tess Asplund, 42) gegen Rechtsextremismus, 2016, picture alliance/Expo

Foto: Vasily Fedosenko: Ukrainische Frau bei einer Demonstration, Kiew 2004, Reuters

Frauen in der Position des David

Kind	Männer
• Junge aus dem Warschauer Ghetto 1943, Franz Konrad • Kim Phúc 1972, Nick Ut • Starving Child and Vulture 1993, Kevin Carter	• Steinewerfer auf dem Potsdamer Platz in Berlin 1953, Wolfgang Albrecht • Mann gegen Panzer in Brünn 1968, Ladislav Bielik • Saigon Execution 1968, Eddie Adams • Tank Man 1989, Stuart Franklin, Jeff Widener, Charlie Cole

Kinder (links) und Männer (rechts) in der Position des David

7.1.7 Bildbearbeitungen diskutieren

Ziel

Die Lernenden erläutern, wie Bildbearbeitungen die Semantik des Bildes verändern.

Kommentar

Beschnitte und/oder Ausschnittvergrößerungen sind gängige Praxis der Publizistik. Die Bearbeitung wird mit dem Original im Vollformat verglichen und hinsichtlich ihrer Aussage, Wirkung und Legitimität bewertet (Beispiele: Berlin 1953; Eddie Adams 1968; Kim Phúc 1972).

7.1.8 Bearbeitungen vornehmen und prüfen

Ziel

Medienikonen haben eine ästhetische Dimension – diese gilt es in ihrer Wirkung zu analysieren. Dies kann verbunden werden mit einem handlungsorientierten Vorgehen und der alltäglichen Nutzung von Smartphones (Medienbildung).

Kommentar

Die Lernenden wählen eine Medienikone und fotografieren diese. Mithilfe der Bearbeitungsmöglichkeiten des Smartphones bearbeiten sie die Vorlage. Sie stellen Ausschnittvergrößerungen her, nutzen die Farbfilter, spiegeln die Aufnahme oder ergänzen sie mit Icons. Im Plenum werden die Bearbeitungen vorgestellt und die Veränderungen in Hinsicht auf die Bildwirkung und/oder Bildsemantik bzw. -ethik diskutiert.

7.1.9 Deutungen eines Bildmotivs vergleichen (Framing)

Ziel

Bilder sind vieldeutig – die Lernenden nehmen zu dieser These Stellung.

Kommentar

Das Bild der mushroom cloud über Hiroshima 1945 sagt nichts, es zeigt etwas: eine sehr große Wolke. Die Beschränkung des Blicks auf die Rauchwolke am Himmel löst diese vollkommen aus dem historischen Zusammenhang. Scheinbar zeit-, ort- und geschichtslos ist diese majestätische Himmelserscheinung. Kein Krieg nirgends, keine Opfer, keine Täter, keine Ursache, keine Wirkung, keine Folgen. Nichts bleibt als die Rauchwolke. John Morris, Redakteur bei Life, sprach von dem „photogenen Pilz der Hiroshima-Bombe". Auch der spätere Direktor der Gedenkstätte Hiroshima, der als 14-Jähriger 1945 aus der Entfernung die Explosion sah, betont deren visuelle Attraktivität: „Ich sah die Atombombe durch das Fenster und erinnere mich, dass ich sie sehr schön fand. Was ich nicht wusste, dass unter dieser Wolke Hunderttausende Menschen eine wirkliche Hölle durchlebten. Aber davon zeigt dieses Foto nichts." Die ikonische Prägnanz, der hohe Wiedererkennungswert und die semantische Unbestimmtheit des Motivs machten es nach 1945 für unterschiedliche Kontextualisierungen vielseitig verwendbar und äußerst populär.

Staatliches und gesellschaftliches Erinnern: Briefmarken mit historischen Motiven repräsentieren die staatliche Deutung des Ereignisses, welche wiederum – zumindest dem Anspruch nach – Ausdruck des gesellschaftlichen Konsenses ist. Der Vergleich der Briefmarken aus verschiedenen Ländern kann Aufschluss geben über die unterschiedlichen Deutungen und Botschaften. Analysiert werden die a) visuelle Gestaltung, b) Motivwahl (auch: Was wird nicht gezeigt?), c) Rolle der Schrift oder Bildsymbolen und schließlich d) die jeweilige Kontextualisierung/das jeweilige Frame.

Material

Japan 1995

USA 1995

Tansania 1995a

Tansania 1995b

Staatliches Gedenken an Hiroshima 50 Jahre nach dem Ereignis

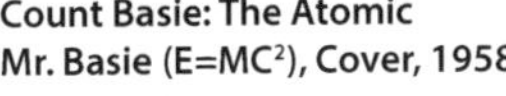

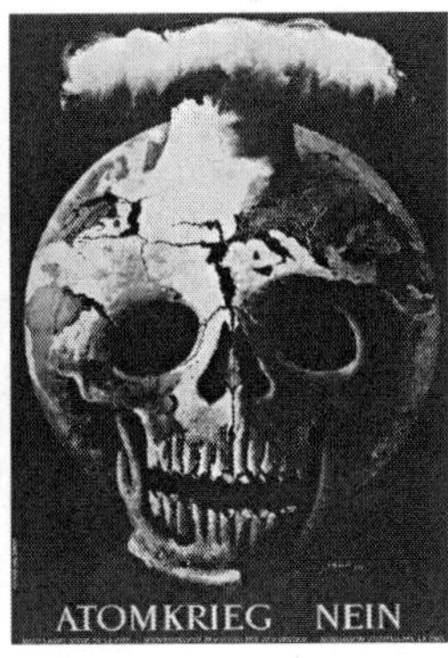

Count Basie: The Atomic Mr. Basie ($E=MC^2$), Cover, 1958

Plakat für die „Schweizerische Bewegung für den Frieden“, 1954, Grafiker Hans Erni

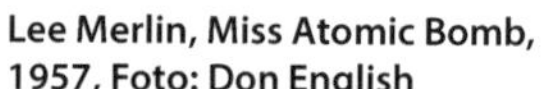

Lee Merlin, Miss Atomic Bomb, 1957, Foto: Don English

Der Spiegel 36/1982, Cover

Gesellschaftliche Rezeption der „mushroom cloud" (Hiroshima 1945)

Erläuterung zur Verwendung des Bildmotivs „mushroom cloud"

Staatliches Rezeption (Briefmarken)

- Japan (1995): Verzicht auf die Abbildung der Atomwolke; dafür in stilisierter Form das Hiroshima Peace Memorial (Genbaku Dome; „Genbaku" = Atombombe) und der Taube als Friedenssymbol;
- USA (1995): Der Entwurf einer US-amerikanischen Briefmarke 1995 aus Anlass des 50. Jahrestages von Hiroshima und Nagasaki wurde nach einem Einspruch der japanischen Regierung durch einen Beschluss des Präsidenten Clinton nicht realisiert. Interpretation des Ereignisses (Text): „beschleunigtes Kriegsende durch die „Atombombe", August 1945.
- Tanzania (1995) a) die ästhetisierende Darstellung zeigt die Wolke und – mit dem Bild des Flugzeuges – auch (implizit) die Täter; b) naturwissenschaftliches Framing

Gesellschaftliche Rezeption – Fokus

Kraft der Kreativität	Count Basie 1958
Kraft der Destruktion, Atombombe	Hans Erni 1954
Kraft der Libido	Don English 1957
Kraft der Destruktion, Umwelt	Der Spiegel 1982

7.1.10 Gegenbild analysieren (Re-Framing)

Ziel

Die Lernenden vergleichen eine Medienikone mit einem motivähnlichen Gegenbild und setzen sich mit der Bearbeitung der Vorlage auseinander.

Kommentar

Das Cover eines Albums „Iron Flag" (2001) der US-amerikanischen Hip-Hop-Gruppe Wu-Tang Clan inszeniert das Iwo-Jima-Motiv (1945) mit der ausschließlichen Darstellung von People of Colour und gespiegelt entlang einer Vertikalen. Die symbolische Bedeutung der Ikone und ihre Popularität werden verwendet für eine kritische Gegenerzählung des „schwarzen Amerika" (vgl. Foto Kap. 5.3, S. 45).

7.1.11 Bildlegenden untersuchen und bewerten

Ziel

Die Lernenden untersuchen Bildlegenden zu einer Fotografie, beurteilen diese und setzen sich mit der Funktion von Bildlegenden auseinander.

Kommentar

Walter Benjamin formulierte es 1931 noch als Frage: „Wird die Beschriftung nicht zum wesentlichsten Bestandteil der Aufnahme werden." (Benjamin 1979, 64) Susan Sontag ist sich dagegen gewiss: „Und jedes Foto wartet auf eine Bildlegende, die es erklärt – oder fälscht. [...] Wo es um Fotos geht, wird jeder zum Buchstabengläubigen." (Sontag 2003, 17, 57) Eine Einordnung des Fotos in die historischen Zusammenhänge erfolgt in erster Linie durch die Bildlegende.

Die Analyse und die Diskussion der Bildlegenden im Unterricht sind besonders dann ertragreich, wenn sie unterschiedliche Texte zum identischen Bild vergleichen. Sie kann auch mit Bildlegenden aus Lehrwerken erfolgen, welche zum Beispiel entlang folgender Kriterien vorgenommen wird: a) Historische Korrektheit, b) Grad der Konkretion/Präzision bei der Nennung des historischen Kontextes (was, wer, wann, wo, warum); c) Sprache: Nutzung von Abstrakta, Passivkonstruktionen, weitere sprachliche Kriterien; d) Darlegung des Produktions- und Rezeptionskontextes.

Material Sekundarstufe I

1. Juden aus dem Warschauer Ghetto werden von SS-Männern zusammengetrieben, um in die Vernichtungslager abtransportiert zu werden.
   Lebendige Vergangenheit, V. Von 1850 bis zur Gegenwart, Stuttgart 1958 (7. Aufl.), 139 (Sauer 2020, 375).
2. Austreibung von Juden aus dem Ghetto in Warschau; 1943
   Damals und heute. Geschichte für die Volksschulen, Bd. 4, Stuttgart 1967, 41 (Sauer 2020, 376).
3. Kind bei einer von den Nazis durchgeführten Razzia in Warschau 1943
   Horizonte II, Braunschweig 2003, 315.
4. Abtransport von Frauen und Kindern in die Vernichtungslager nach der Niederschlagung des Aufstandes im Warschauer Ghetto. Fotos aus dem Bericht des mit der Niederschlagung des Aufstandes beauftragten SS-Führers Jürgen Stroop vom Mai 1943
   Entdecken und Verstehen. Bd. 3 (Baden-Württemberg), Berlin 2019, 97.

Material Sekundarstufe II

1. Eine gequälte Bevölkerung – die Räumung des Warschauers Ghettos. Abtransport von Juden während des Aufstandes des Warschauer Ghettos (19. April bis 16. Mai 1943). Dieses weltweit bekannte Foto wurde zum Symbol für das Martyrium des jüdischen Volkes im Zweiten Weltkrieg.

Histoire/Geschichte. Europa und die Welt vom Wiener Kongress bis 1945 (=Deutsch-französisches Geschichtsbuch, Gymnasiale Oberstufe). Stuttgart/Leipzig 2007, 321.

2. Das Foto stammt aus einem Bericht des SS-Brigadeführers und Generalmajors der Polizei, Jürgen Stroop, über die von ihm geleitete Niederschlagung des Aufstandes des Warschauer Ghettos (19. April bis 16. Mai 1943). Der Fotograf des Bildes ist nicht bekannt. Der Bericht fiel in die Hände der US-Armee, die das Bild bei den Nürnberger Prozessen veröffentlichte.
   NS-Herrschaft: „Volksgemeinschaft" und Verbrechen. Berlin 2012 (=Kurshefte Geschichte), 142.

Die Genealogie der Bildlegenden zeigt, dass das Foto zunächst allein eingeordnet wurde in die Geschichte des Holocaust. Die frühen Beispiele bleiben meist unpräzise und abstrakt. Erst jüngere Werke verweisen auf den relevanten Kontext des Aufstandes im Warschauer Ghetto 1943, den Produktions- und Rezeptionskontext und auf die Täter.

Hinweise zu den Bildlegenden: 1. Keine Nennung des Ghettoaufstandes; 2. Keine Nennung des Ghettoaufstandes/keine Täternennung/keine Erwähnung der Vernichtungslager; 3. Unzureichende Charakterisierung des Geschehens als „Razzia", Fokussierung auf das Kind; 4. Nennung des maßgeblichen Täters/der Quellenherkunft; 5. Wertende Wortwahl, Benennung der Juden als „Volk", zutreffende Kontextualisierung, Hinweise auf Rezeption, keine Täternennung; 6. zutreffende Kontextualisierung, Überlieferungsgeschichte.

7.1.12 Bildkanon entwerfen und diskutieren

Ziel

Die Lernenden erörtern die Funktion eines Bildkanons und problematisieren diese.

Kommentar

Alle Lernenden einer Gruppe sammeln Fotografien, die ihnen persönlich wichtig oder ihrer Auffassung nach für die Allgemeinheit bedeutend erscheinen. Ein Sammlungsgebiet kann vorgeben werden (Geschichte des 20. Jahrhunderts, Kultur/Pop, Sport ...). Im Plenum werden die Bilder vorgestellt, besprochen und verglichen. Eine Diskussion über den Bildkanon der Lerngruppe kann genutzt werden, um die gesellschaftliche Funktion von kollektiven Bildgedächtnissen und In- bzw. Exklusionsmechanismen zu diskutieren: gemeinsames Gedächtnis – Identität, Wertbindung, Ausgrenzungen von Minoritäten in diversen Erinnerungsgemeinschaften ... (in Anlehnung an Schoppe 2011, 124f.)

7.1.13 Bildkanon untersuchen (Deutschland)

Ziel

Die Lernenden erörtern und diskutieren deutsche Bildkanons der Publizistik.

Kommentar

Ziel der (anspruchsvollen) Analyse von Titelseiten könnte z.B. die Thematisierung dessen sein, was nicht gezeigt wird. Auf den Titelseiten des Spiegel und des Stern kommen etwa DDR bzw. Migrationsgesellschaft in 60 Jahren (bundes-)deutscher Geschichte nicht vor.

Der Spiegel 7/2009, Cover

Stern 45/2008, Cover

7.1.14 Bildkanon untersuchen (China)

Ziel

Die Lernenden analysieren Chinas Medienikonen und diskutieren diese.

Kommentar

Der Bildkanon ist das Ergebnis einer Umfrage, die Michael Schirner mit Studierenden der Universität Peking durchgeführt hat. Aus mehreren 1000 Bildern haben die Befragten die 12 wichtigsten Fotografien benannt. Eine Thematisierung im Unterricht (Leitlinien: Verhältnis politische Führung – Volk; Darstellung Chinas vor 1949; Darstellung der Menschen aus dem Volk; der politischen Führer) könnte u.a. folgendes herausarbeiten:

- Die politische Führung handelt wegweisend, kräftig, volksverbunden und bescheiden;
- Das Volk handelt selbstlos und aufopferungsvoll; ihm wird geholfen;
- Die politische/gesellschaftliche Prominenz aus der Zeit vor der Volksrepublik war dekadent;
- Der Bildkanon unterscheidet sich vollkommen vom Kanon im Westen;
- Im Mittelpunkt stehen nicht emotionalisierende Bilder des Schreckens, sondern solche des Vertrauens und der Hoffnung;
- Der Bildkanon ist Ergebnis einer gelenkten Bildpolitik in einer Diktatur.

Vertiefende Informationen zu den Fotografien können ermittelt werden über: http://de.sz-iam.com/12-pictures-in-the-mind-of-chinese-people-2007 (1.3.2022)

Der Soldat Lei Feng, 1965. Das Motiv diente als Synonym für „den-Anderen-dienen".

Die Schülerin mit den großen Augen, 1991. Das Foto diente als Ikone für das „Hoffnungsprojekt", der Spendenaktion für die Ausbildung armer Kinder.

Michael Schirner (2007) – Die 12 wichtigsten Medienikonen in den Köpfen der 1,3 Milliarden Chines*innen:

- *Die Kaiserinwitwe Ci Xi in Gewändern eines Bodhisattva Alvalokites Vara (1903):* „Das 1903 vom Prinzen Xun Ling gemachte Bild zeigt die Witwe des Kaisers Xian Feng sitzend, rechts und links von ihr zwei Frauen [...]"
- *Peking-Oper-Star Mei Lang Fang und Chaplin schütteln sich die Hände (1903):* „Das Bild von 1930 zeigt die zwei Weltstars der 1920er und 30er in Chaplins Haus in Hollywood Hand in Hand in die Kamera lächelnd: Chaplin mit vollem schwarzem Haar und grauem Zweireiher, Mei Lang Fang im Chang Pao, dem knöchellangen Rock, mit Ma Gua, der kurzen Seidenjacke."
- *Dr. Norman Bethune operiert einen Schwerverletzten im 2. chinesisch-japanischen Krieg (1939):* „Das 1939 gemachte Bild zeigt Dr. Norman Bethune mit zwei chinesischen Sanitätern im Feldlazarett bei einer Operation über den geöffneten Körper eines Schwerverletzten gebeugt. Der

Kanadier Bethune [...] gilt noch heute in China als Held der Menschlichkeit."

- *Mao proklamiert die Gründung der Volksrepublik China (1949):* „Das Bild vom 1. Oktober 1949 zeigt Mao hinter Mikrophonen am Tor des Himmlischen Friedens beim Verlesen der Erklärung zur Gründung der Volksrepublik."
- *Mao, Ze Dong schwimmt im Yang Zi Jian (1956):* „Das Bild vom 1. Juni 1956 zeigt Mao, nahe Wu Chang beim Überqueren des Yang-Zi-Flusses."
- *Liu, Shao Qi ehrt Chuan Xiang für das Leeren der Toiletten Peking (1958):* „Das Bild vom 26. Oktober 1958 zeigt Präsident Liu, der dem zum nationalen Helden der Arbeit gewählten Shi die Hand schüttelt."
- *Der Soldat Lei Feng (1940–1962):* „Das Bild zeigt Lei, Feng mit Pelzmütze und Kampfanzug, eine Maschinenpistole haltend. Der am 15. August 1962 bei einem Unfall ums Leben gekommene 22jährige Soldat der Chinesischen Volksbefreiungsarmee wurde in den Wirren der Kulturrevolution (1966–1976) im Nachhinein von Mao als Held der Selbstlosigkeit und Hilfsbereitschaft ausgezeichnet."
- *Der fünf Kilometer lange Abschied von Zhou En Lai (1976):* „Das Bild von 1976 zeigt den Platz des Himmlischen Friedens, im Vordergrund ein weißer, bekränzter Bus, dem eine Eskorte folgt, im Hintergrund ein langer Zug von Trauernden."
- *Deng, Xiao Ping, einen Tag nach seinem Rückzug aus der Politik, zeitungslesend (1990):* „Das Bild von 1990 zeigt Deng im Wohnzimmersessel zurückgelehnt mit hochgehaltener Zeitung und ausgestreckten Beinen. Neben ihm seine Frau, die dem Enkel auf ihrem Schoß ein Blatt Papier vorhält und ihm daraus vorliest."
- *Die Schülerin mit den großen Augen (1991):* „Das Bild von 1991 zeigt eine 8jährige Schülerin, die einen Bleistift in der Hand hält und mit großen Augen in die Kamera blickt."
- *Der erste Taikonaut nach seiner Rückkehr aus dem All (2003):* „Das Bild vom 16.10.2003 zeigt den 38jährigen Yang, Li Wei in weißem Raumanzug mit erhobener Hand grüßend, umgeben von einem Team in roten Overalls."

- *Chinas Mongolei-Kuhjoghurt-Supergirls 2005 mit Panda (2006):* „Das Bild vom 20. Januar 2006 zeigt das Supergirl Li, Yun Chun, das neben einem vergitterten Container mit Panda hockt."

7.2 Kulturelle Bildung

Beim historischen Lernen dominieren rezeptiv-kognitive Zugangsweisen. Auch im Diskurs der Didaktik der Geschichte wie in der Pragmatik des Unterrichts spielen Verfahren der produktiv-kreativen Auseinandersetzung mit der Vergangenheit eine eher nachgeordnete Rolle. Und dies, obwohl Ranke der Historiografie gleich zwei Rollen zuschrieb: „Die Historie unterscheidet sich von allen anderen Wissenschaften, dass sie zugleich Kunst ist. Wissenschaft ist sie, indem sie sammelt, findet, durchdringt; Kunst, indem sie das Gefundene wieder gestaltet und darstellt" (Ranke/Dotterweich 1975, 75). Folgende Hinweise berücksichtigen beide Perspektiven: der kognitiven Auseinandersetzung mit Gestaltetem, wie dem selbst Gestalten/dem kreativen Umgang mit Medienikonen.

7.2.1 Ikonografische Traditionen untersuchen (Nach-Bilder I)

Ziel

Die Lernenden analysieren ikonografische Traditionen und die Verwendung von Bildmustern.

Kommentar

Identische oder ähnliche Bildelemente der „Vor-Bilder" und der „Nach-Bilder" werden herausgearbeitet und diskutiert.

Beispiele

Vor-Bilder	Nach-Bilder
Beweinung Christi, Andrea Mantegna, um 1480 Die Anatomie des Dr. Tulp, Rembrandt van Rijn 1632	Che Guevara, Freddy Alborta 1967
Darstellungen der Madonnen mit Kind	Migrant Mother, Dorothea Lange 1936
Darstellungen der Kreuzabnahme Christi	Tod des Peter Fechter, Wolfgang Bera 1962
Darstellungen der Pieta	Tod des Benno Ohnesorg, Jürgen Henschel, Bernard Larsson 1967
Der Schrei, Edvard Munch 1893	Kim Phúc, Nick Ut 1972

7.2.2 Bilder nachstellen (Nach-Bilder II)

Ziel

Die Lernenden reinszenieren das Bildmotiv einer Medienikone durch ein Standbild, fotografieren dieses und bewerten das Ergebnis.

Kommentar

Ein spielerischer Ansatz wirkt motivierend; gefördert werden kooperatives Lernen und Kreativität. Das Arbeiten mit Standbildern (Holzwarth 2014) führt an kulturelle Ausdrucksformen heran und trägt zur kulturellen Bildung bei.

Der Begriff „Tableaux vivants" wird eingeführt und mit Beispielen aus der Kunstgeschichte illustriert. Hilfreich sind dafür Youtube-Filme, die viele Reinszenierungen von prominenten Bildbeispielen präsentieren (z. B. Jan Vermeers Mädchen mit dem Perlenohrring). Die Lernende werden so motiviert und erhalten zugleich Anregungen für die eigene Arbeit.

Ihnen wird eine Auswahl Medienikonen vorgelegt. Sie bilden Gruppen und diskutieren Möglichkeiten/Ideen einer Reinszenierung (Ort der Fotografie, Requisiten). Das Foto wird nachgestellt und die eigenen Tableaux vivants werden fotografiert. Im Plenum werden die Umsetzungen gemeinsam mit der Vorlage präsentiert und diskutiert. Ergänzend kann zur Geschichte der Medienikonen recherchiert werden. Die eigenen Standbilder können kreativ abgewandelt werden. An die Stelle des Sternenbanners beim Iwo-Jima-Motiv (Joe Rosenthal 1945) kann zum Beispiel eine „Fahne“ treten, die ein Anliegen der Lernenden visualisiert.

Material – zehn Medienikonen

Fotografierte Person(en)	Fotograf*in
Mittagspause auf einem Wolkenkratzer 1932	Charles C. Ebbets
Migrant Mother 1936	Dorothea Lange
Iwo Jima 1945	Joe Rosenthal
Albert Einstein mit Herausgestreckter Zunge 1951	Arthur Sasse
Junge in Peru mit Flöte 1954	Werner Bischof
DDR-Volkspolizist springt über Stacheldraht 1961	Peter Leibing
Frau mit Blume steht in Paris Soldaten gegenüber 1967	Marc Riboud
Mondlandung 1969	Neil Armstrong, Buzz Aldrin
Kniefall von Willy Brandt 1970	Sven Simon
Tank Man 1989	Stuart Franklin, Jeff Widener, Charlie Cole

Foto: Zbigniew Libera, Kolarze 2002; Reinszenierung eines Fotos von Hans Sönnke, Danzig 1939, Sammlung Fotomuseum Winterthur, Schenkung Thomas Koerfer

7.2.3 Scherenschnitte gestalten (Nach-Bilder III)

Ziel

Die Lernenden gestalten Motive von Medienikonen als Scherenschnitte.

Kommentar

Die Vielzahl der kreativen Auseinandersetzungen mit Medienikonen in der Kunst rechtfertigt den Begriff der „Icons Art“, den Gerhard Paul (2019) vorgeschlagen hat. Scherenschnitte geben die Möglichkeit einer intensivierten Auseinandersetzung mit dem Bild selbst wie auch mit dessen Geschichte. Die ästhetische Verfremdung des Vor-Bilds setzt die Lernenden in ein intensiviertes und zugleich distanziertes Verhältnis zum Bildmotiv. Sie sind durch das Handeln veranlasst, sich der Überwältigung emotionalisierender Bilder zu entziehen und ermöglichen individuelle Aneignungen. Geeignet erscheinen Bildmotive mit zentralen Protagonisten in vor allem expressiven Gesten. Das Material zur Verarbeitung können Papiere/Kartons/Pappen in schwarz, weiß oder in Grautönen sein. Dabei können die Figuren selbst wie auch die Hintergründe in die eigene Gestaltung mit einbezogen werden.

Material

Der Spiegel 19/2004, Cover; nach einer Digitalfotografie von Sabrina Harman 2003

Fotografierte Person(en)	Fotograf*in
Sadie Pfeiffer 1908/ Addie Card 1910	Lewis Hine
Fallender Soldat/Spanischer Bürgerkrieg 1936	Robert Capa
Junge aus dem Warschauer Ghetto 1943	Franz Konrad
Iwo Jima 1945	Joe Rosenthal
Marilyn Monroe/U-Bahn-Schacht 1954	Matty Zimmerman
Nguyen Van Lem 1968	Eddie Adams
Kim Phúc 1972	Nick Ut
DDR-Volkspolizist springt über Stacheldraht 1961	Peter Leibing
Falling Man 2001	Richard Drew
Kapuzenmann 2003	Sabrina Harman
Aylan Kurdi 2015	Nilüfer Demir

Straßenschild Berlin, Ecke Zimmer- und Wilhelmstraße (ehemals Sektorengrenze West- und Ostberlin), Foto: Christoph Hamann, 2007

7.2.4 Bildwirkungen diskutieren

Ziel

Die Lernende diskutieren Bildwirkungen von Holocaust-Fotografien und nehmen zu deren Verwendung (z.B. in Schulbüchern) Stellung. Sie setzen sich mit einer These zur Wirkung von Bildern auseinander.

Kommentar

Mit Bezug auf die Würde der fotografierten Menschen wird die Veröffentlichung von Schreckensbildern des Holocaust (z. B. Aufnahmen von „Leichenbergen“) kritisiert. Von anderer Seite wird mit Bezug auf die historische Wahrheit und auf den pädagogischen wie politischen Nutzen eben dieser Bilder die Publikation jener Aufnahmen begründet. Diese Diskussion kann auch Gegenstand des Unterrichts sein. Ausgangspunkte der Auseinandersetzung können folgende Fragen sein: Welche Motive haben die Autoren von Schulbüchern bei der Veröffentlichung des Bildes gehabt? Wäre es im Sinne jener abgebildeten Menschen, dass sie der Nachwelt so gezeigt werden?

Zu einer Medienikone wurde das Foto vom kleinen Jungen im Warschauer Ghetto und nicht eines der Bilder des Schreckens. Das Motiv des kleinen Jungen visualisiert eine David-Goliath-Situation mit einem Kind, welches wie ein Soldat seine Hände erhebt, um sich zu ergeben. Die Aufnahme zeigt nicht das Grauen, sondern die Angst vor dem Grauen, sie zeigt nicht die Menschen im unmittelbaren Moment des Todes, sondern in dessen Ahnung. Der kleine Junge wird mit vielen anderen abgeführt. Im Gegensatz zu vielen anderen Kinderbildern aus dem Ghetto ist seine Kleidung nicht abgerissen, sein kindliches Gesicht zeigt Angst, aber keine Auszehrung. Der Holocaust-Überlebende Louis Begley schreibt über das Bild in einem Text mit dem Titel „Ein Junge wie ich“:

„Der Mantel des Jungen ist ordentlich, seine Socken sind bis zu den Knien hochgezogen. Die Frauen haben starke, klare und entschlossene Gesichter. [...] Dies sind ganz normale Leute, gewöhnt, darauf zu achten, dass Kinder sauber und ordentlich angezogen sind.“ (Begley 1998, 8)

Mit Gotthold Ephraim Lessing kann diskutiert werden, ob nicht gerade dieses Nicht-Zeigen der Verelendung und des Sterbens oder gar des Todes selbst eine Voraussetzung ist, dass dieses Bild zur Medienikone avanciert ist. Hilfreich kann ein Vergleich mit anderen Aufnahmen des Holocaust sein.

„widerstehet unserem Geschmacke an Ordnung und Übereinstimmung und erwecket Abscheu ohne Rücksicht auf die wirkliche Existenz des Gegenstandes, an welchem wir sie wahrnehmen. [...] Dasjenige aber nur allein ist fruchtbar, was der Einbildungskraft freies Spiel lässt. [...] das Äußerste zu zeigen heißt der Phantasie die Flügel binden und sie nötigen". (Gotthold Ephraim Lessing, Laokoon oder über die Grenzen der Malerei und Poesie, Stuttgart 2003, S. 23, 173.)

Heimlich im Warschauer Ghetto aufgenommenes Foto von Joe Heydecker (1916–1997), der in einer NS-Propagandakompagnie als Foto-Laborant arbeitete.

Foto: Joe Heydecker: Zerlumpt, krank und verängstigt. Ein an eine Hauswand gekauerter Jungen im Warschauer Ghetto, 1941

7.3 Ethische Bildung

7.3.1 Bildveröffentlichung diskutieren

Ziel

Die Lernenden nehmen Stellung zu der Veröffentlichung einer Medienikone, die den nahenden Tod eines Menschen zeigt.

Kommentar

Im Pressekodex des Deutschen Presserats werden Standards eines ethischen Journalismus formuliert, welche die Aufgabe der Medien, die Öffentlichkeit zu informieren, und den Schutz der Persönlichkeit in ein verantwortbares Verhältnis zu bringen versuchen. Über den Schutz von Opfern wird folgende Leitlinie formuliert:

„Die Identität von Opfern ist besonders zu schützen. Für das Verständnis eines Unfallgeschehens, Unglücks- bzw. Tathergangs ist das Wissen um die Identität des Opfers in der Regel unerheblich. Name und Foto eines Opfers können veröffentlicht werden, wenn das Opfer bzw. Angehörige oder sonstige befugte Personen zugestimmt haben oder wenn es sich bei dem Opfer um eine Person des öffentlichen Lebens handelt." https://www.presserat.de/pressekodex.html (7.11.2021)

Gegenstand von mehreren Beschwerden beim Deutschen Presserat war 2001 die Veröffentlichung von Fotografien, die Opfer der Anschläge von Nine Eleven zeigten, insbesondere auch Aufnahmen von Menschen, die aus den Twin Towers stürzten. Zu diesen Fotos gehörte auch Richards Drews ikonisches Foto „Falling Man", welches in Deutschland unmittelbar nach den Anschlägen veröffentlicht wurde (Süddeutsche Zeitung, 13.9.2001, 15; Die Welt, 13.9.2001, 5). Beim World-Press-Photo-Wettbewerb 2002 wurde diese „Anmutung einer entsetzlichen Schönheit" (Jahn-Sudmann) ausgezeichnet. Das Vollbild des Fotografen Richard Drew ist ein Querformat, welches er durch eine Ausschnittvergrößerung in ein Hochformat umgewandelt hat.

Foto: Richard Drew: The Falling Man, 11.9.2001, picture alliance/AP

Ein Beschwerdeführer argumentierte wie folgt:

„Er ist der Ansicht, dass das Bild keinerlei dokumentarischen Charakter besitze. Es diene nicht der Information der Leserinnen und Leser, sondern solle offenbar einen sensationsgierigen, menschenverachtenden Voyeurismus befriedigen. Des Weiteren sieht er eine Verletzung des Persönlichkeitsrechtes, da eine Identifizierung nicht unmöglich sei." (Deutscher Presserat (Hg.), Jahrbuch 2002, Konstanz 2003, 85)

Beschluss des Presserates: Nach seiner Meinung sind die Fotos der verzweifelten Menschen an den Fenstern des World

Trade Centers und des Mannes, der sich aus einem der Fenster in die Tiefe stürzte, Dokumente der Zeitgeschichte.

„Die Fotos tragen dazu bei, den Anschlag auf das World Trade Center in einem ganzen entsetzlichen Ausmaß den Leserinnen und Lesern nahe zu bringen. Dies ist nicht unter voyeuristischen Gesichtspunkten geschehen, sondern in dem Bemühen, das Geschehen für die Menschen greifbar zu machen. In diesem Zusammenhang ist es gerechtfertigt, nicht nur Fotos der zerstörten Gebäude zu veröffentlichen, sondern auch die Dimension des Anschlages anhand von einzelnen menschlichen Schicksalen zu dokumentieren. Der Presserat sieht das Persönlichkeitsrecht der abgebildeten Personen nicht verletzt. Auszuschließen ist eine solche Verletzung schon dadurch, dass die abgebildeten Personen nicht erkennbar werden." (Deutscher Presserat (Hg.) Jahrbuch 2002, Konstanz 2003, 87)

Die Essayistin Susan Sontag hat über die Veröffentlichung von Bildern des Schreckens wie folgt geurteilt:

„Lassen wir uns also von den grausigen Bildern heimsuchen. [...] ihnen [kommt] eine wichtige Funktion zu. Die Bilder sagen: Menschen sind imstande, dies anderen anzutun – vielleicht sogar freiwillig, begeistert, selbstgerecht. Vergesst das nicht." (Sontag 2013, 133f.)

Das Foto von Richard Drew kann auch als Anlass dienen, über die kompositorische Prägnanz der Aufnahme oder ihre Wirkung auf die Betrachter*innen zu reflektieren oder auch darüber, in welchem Verhältnis Schrecken und Schönheit hier stehen („art shot"). Ethisch relevant ist ebenso die Frage, ob Schrecken ästhetisch ansprechend präsentiert werden darf.

Weitere bildethisch relevante Medienikonen

Fotografierte Person(en)	Fotograf*in
KZ-Fotografie („Ikonen der Vernichtung“)	NN
Benno Ohnesorg 1967	Jürgen Henschel/Bernard Larrson
Nguyen Van Lem (Vietcong) 1968	Eddie Adams
Kim Phúc 1972	Nick Ut
Hanns Martin Schleyer 1977	Rote Armee Fraktion
Aylan Kurdi 2015	Nilüfer Demir

8. Lernen: Bild, Sprache, Blick

Experiment II

Die Überlegungen zum historischen Lernen mit und über Medienikonen begannen mit dem Experiment, ob man mit geschlossenen Augen Bilder sehen kann. Ziel war es, die kollektiven Bilder im Kopf bewusst werden zu lassen. Auch am Ende der Ausführungen soll ein Experiment stehen und auch mit ihm soll Grundsätzliches deutlich gemacht werden: Kann es gelingen, jemandem ein ihm unbekanntes Bild allein durch dessen Beschreibung deutlich werden zu lassen, wie es tatsächlich „aussieht"? Dies wird nicht gelingen können (Barthes 1990, 14), denn einerseits sperrt sich der Detailreichtum des Fotos gegen eine vollständige Verbalisierung und andererseits sind die sprachlichen Mittel für eine adäquate Beschreibung des Gesehenen unzureichend. Ihre Möglichkeiten reichen daher als Imaginationshinweise nicht hin. Die Proband*innen können das Gehörte nur unzureichend nutzen, um das Bild angemessen zu beschreiben. Von Bedeutung ist auch Folgendes: Sprache fügt dem Foto außerdem unweigerlich Konnotationen hinzu und verfremdet es. Diese Beobachtungen sind vor allem deswegen von Relevanz, weil die gängige kulturwissenschaftliche Argumentation die Überlegenheit der Sprache gegenüber dem Visuellen betont. Sie könne zum Beispiel das Foto kontextualisieren, temporalisieren etc. Das ist zwar zutreffend, das oben skizzierte Experiment zeigt jedoch: „Die Fotografie ist defizitär, aber der Text ist es auch." (Geimer 2022, 199) Bild und Sprache stehen in einem komplementären Verhältnis. Was das eine vermag, ist dem anderen versagt. „Bilder sind mehr und anderes als die stumme Dienerschaft wechselnder Zuschreibungen." (Geimer 2022, 157)

Bildlegende

Die Bedeutung dieser Einsicht für das historische Lernen lässt sich am Beispiel der Bildbeschriftungen veranschaulichen. Sie können das Gezeigte nicht nur nicht annähernd in

Worte fassen, viel mehr noch: Sie wirken sogar wie „eine Art Schraubstock“ (Barthes 1990, 35). Die Metapher verweist darauf, dass die Bildlegenden den Betrachtenden mit einem Text vor*schreiben*, was sie sehen sollen. Nämlich das, was der Autor der Beschriftung für relevant hält. Dieses aber wird – wie oben ausgeführt – nie die Gesamtheit des im Bild Gezeigten repräsentieren können. Man könnte einwenden, dass sich im Bild doch Hauptsächliches von Nebensächlichem trennen lasse, und dass die Bildlegende dieser Priorisierung folge. Diese Unterscheidung aber liegt im Auge der jeweiligen Betrachter*innen, deren (Erkenntnis-)Interesse unter Umständen anderes für wichtig hält als andere Sehende.

Über Sehen reden

Was folgt daraus für das historische Lernen? Das je individuell Gesehene sollte zur Sprache gebracht werden. „*Zur Sprache bringen*“ heißt, das eigene Sehen in Sprache zu übersetzen: Beides, Sehen und Gesehenes, sollen in Worte und Formulierungen „umgewandelt“ werden. Dieses Sprechen kann nur als Versuch und Annäherung verstanden werden, allein so wird es dem Betrachter bewusst und kommunizierbar für andere. Für ein verstehendes Lernen ist dieser Befund von grundlegender Bedeutung. Die Einbeziehung des Blicks der in vielerlei Hinsicht diversen Lernenden ist aus zweierlei Gründen unabdingbar. Es gibt erstens nur jeweils eigene und damit viele Blicke und zweitens ist die Einbeziehung der je eigenen Blicke die Voraussetzung für eine verstehende Kommunikation. Denn „letztlich ist alles Verstehen die Anwendung des Verstandenen auf uns selbst.“ (Gadamer 2015, 44) Bild und Blick, Sache und Subjekt sind beim Lernen stets gleichermaßen von Bedeutung.

Literatur (Auswahl)

Auf die fett gekennzeichneten Titel wurde im Text verwiesen bzw. es wurde aus ihnen zitiert. Die kursiv geschriebenen Titel verweisen auf relevante Literatur zum Thema.

Assmann, Jan (2000): Das kulturelle Gedächtnis. Erinnerung und politische Identität in frühen Hochkulturen. München.

Barthes, Roland (1985): Die helle Kammer. Frankfurt/M.

Barthes, Roland (1990): Der entgegenkommende und der stumpfe Sinn, Frankfurt/M.

Barthes, Roland (2001): Mythen des Alltags. Frankfurt/M.

Bartsch, Anne (2014): Emotionales Erleben, in: Carsten Wünsch u. a. (Hg.): Handbuch Medienrezeption. Baden-Baden, S. 207–221.

Belting, Hans (2001): Das photographische Bild, in: Ders.: Bild-Anthropologie. Entwürfe einer Bildwissenschaft. München, S. 213–239.

Belting, Hans (2005): Das echte Bild. Bildfragen als Glaubensfragen. München.

Benjamin, Walter (1980): Illuminationen. Ausgewählte Schriften. Frankfurt/M.

Benjamin, Walter (1979): Kleine Geschichte der Photographie, in: Ders.: Das Kunstwerk im Zeitalter seiner technischen Reproduzierbarkeit, Frankfurt/M., S. 45–64.

Berendt, Bettina (2005): Kognitionswissenschaft, in: Klaus Sachs-Hombach (Hg.): Bildwissenschaft. Disziplinen, Themen, Methoden. Frankfurt/M., S. 21–36.

Berger, Peter L./Luckmann, Thomas (1990): Die gesellschaftliche Konstruktion der Wirklichkeit. Frankfurt/M.

Berger, John/Mohr, Jean (2000): Eine andere Art zu erzählen. Frankfurt/M.

Berger, John (2020): Der Augenblick der Fotografie. Essays, Frankfurt/M.

Blum, Gerd/Sachs-Hombach, Klaus/Schirra, Jörg R. J. (2007): Die Fotografie *Terror of War* von Nick Ut (Vietnam 1972). In: Früchtl, Josef/Moog-Grünewald, Maria (Hg.) Ästhetik in metaphysikkritischen Zeiten. 100 Jahre ‚Zeitschrift für Ästhetik und Allgemeine Kunstwissenschaft'. Hamburg, S. 117–152.

Boehm, Gottfried (1994): Die Wiederkehr der Bilder, in: Gottfried Boehm (Hg.): Was ist ein Bild? München, S. 11–38.

Bolz, Norbert (1996): Das große stille Bild im Medienverbund, in: Bolz, Norbert/Rüffer, Ulrich: Das große stille Bild. München, S. 16–45.

Brink, Cornelia (1998): Ikonen der Vernichtung. Öffentlicher Gebrauch von Fotografien aus nationalsozialistischen Konzentrationslagern nach 1945. Berlin.

Cortis, Jojakim/Sonderegger, Adrian (2018): Double Take. Eine wahre Geschichte der Fotografie. Zürich.

Dahmen, Nicole/Mielczarek, Natalia/Morrison, Daniel (2018). The (in)disputable ‚power' of images of outrage: public acknowledgement, emotional reaction, and image recognition, in: Visual Communication, Nr. 4, S. 453–474.

Döveling, Katrin (2019): Bilder von Emotionen – Emotionen durch Bilder. Eine interdisziplinäre Perspektive, in: Kathrin Lobinger (Hg.): Visuelle Kommunikationsforschung. Wiesbaden, S. 63–82.

Dreher Jochen (2007): Symbolische Formen des Wissens, in: Schützeichel, Rainer (Hg.): Handbuch Wissenssoziologie und Wissensforschung. Konstanz, S. 463–471.

Dubois, Philippe (1998): Der fotografische Akt. Versuch über ein theoretisches Dispositiv. Amsterdam.

Ein Gespräch mit Hans Georg Gadamer (2015), in: Hartkemeyer, Martina/Hartkemeyer, Tobias Dialogische Intelligenz. Aus dem Käfig des Gedachten in den Kosmos gemeinsamen Denkens. Frankfurt/M.

Engelkamp, Johannes (2004): Gedächtnis für Bilder, in: Sachs-Hombach, Klaus/Rehkämper, Klaus (Hg.): Bild – Bildwahrnehmung – Bildverarbeitung. Interdisziplinäre Beiträge zur Bildwissenschaft. Wiesbaden, S. 227–241.

Evans, Jessica/Stuart Hall, Stuart (1999): What is visual culture? In: Diess. (Hg.): Visual culture. The reader, London/Thousand Oaks/New Delhi.

Fahlenbrach Kathrin/Viehoff, Reinhold (2003): „Ikonen der Medienkultur. Über die (verschwindende) Differenz von Authentizität und Inszenierung der Bilder in der Geschichte", in: Beuthner, Michael (Hg.): Bilder des Terrors – Terror der Bilder? Krisenberichterstattung am und nach dem 11. September. Köln, S. 42–60.

Fahlenbrach, Kathrin/Viehoff, Reinhold (2005): Medienikonen des Krieges. Die symbolische Entthronung Saddams als Versuch strategischer

Ikonisierung, in: Knieper, Thomas/Müller, Marion G. (Hg.): War Visions. Köln, S. 356–387.

Fleckner, Uwe/Warnke, Martin/Ziegler, Hendrick (2011) (Hg.): Handbuch der politischen Ikonographie. 2 Bde. München.

Gamper, Peter/Holzwarth, Werner (1998): Kollektive Bilder. Die Bilder im Kopf der DDR-Bürger; ein Projekt der Bauhaus-Universität Weimar. Weimar.

Geerth, Sebastian (2015): Den Krieg im Fokus. Eine Interviewstudie zu emotionalisierenden Bildelementen am Beispiel ausgewählter Kriegsfotografien von James Nachtwey, in: Reer, Felix/Sachs-Hombach, Klaus/Schahadar, Schamma (Hg.): Krieg und Konflikt in den Medien. Multidisziplinäre Perspektiven auf mediale Kriegsdarstellungen und deren Wirkungen. Köln S. 66–116.

Geimer, Peter (2009): Theorien zur Fotografie zur Einführung. Hamburg.

Geimer, Peter (2022): Die Farben der Vergangenheit. Wie Geschichte zu Bildern wird. München.

Grau, Oliver (2005): Immersion & Emotion. Zwei Bildwissenschaftliche Schlüsselbegriff, in: Ders./Keil, Andreas (Hg.): Mediale Emotionen. Zur Lenkung von Gefühlen durch Bild und Sound. Frankfurt/M., S. 70–106.

Grittmann Elke/Ammann, Ilona (2008): „Ikonen der Kriegs- und Krisenfotografie“, in: Grittmann, Elke/Neverla, Irene/Ammann, Ilona (Hg.): Global, lokal, digital – Fotojournalismus heute. Köln, S. 296–325.

Günzel, Stephan (2014): Illusion-Präsenz-Immersion, in: Güntzel, Stephan/Mersch, Dieter (Hg.): Bild. Ein interdisziplinäres Handbuch. Stuttgart, S. 303–312.

Haller, Michael (2008) (Hg.): Visueller Journalismus. Beiträge zu einer vernachlässigten Dimension Berlin.

Hamann, Christoph (2007): Visual History und Geschichtsdidaktik. Bildkompetenz in der historisch-politischen Bildung. Herbolzheim.

Ders. (2017): Das Foto als Symbol. Überlegungen zur visuellen Geschichtskultur, in: Danyel, Jürgen/Paul, Gerhard/Vowinckel, Annette (Hg.): Arbeit am Bild. Visual History als Praxis. Göttingen, S. 158–175.

Ders. (2019): Fotografien im Geschichtsunterricht. Visual History als didaktisches Konzept. Frankfurt/M.

Handro Saskia/Schönemann Bernd (2011) (Hg.): Visualität und Geschichte. Berlin.

Hellmold, Martin (1999): Warum gerade diese Bilder? Überlegungen zur Ästhetik und Funktion historischer Referenzbilder moderner Kriege, in: Schneider, Thomas F. (Hg.): Kriegserlebnis und Legendenbildung. Das Bild des „modernen" Krieges in Literatur, Theater, Photographie und Film. Bd. 1: Vor dem ersten Weltkrieg/Der Erste Weltkrieg. Osnabrück, S. 34–50.

Hoffmann, Felix/Schönegg, Kathrin (2021) (Hg.): Send me an image. From Postcards to Social Media. Göttingen.

Holzwarth, Peter (2014): „Tableaux Vivants" mit Medienikonen. In: https://www.medienpaedagogik-praxis.de/2014/11/05/fotoprojekt-tableaux-vivants-mit-medienikonen/ (12.11.2021).

Hüppauf, Bernd (2005): Warum die Zukunft nach Unschärfe drängt. Über Ernst Vollands unscharfe Bilder, in: Asmuss, Burkhard/Kufeke, Kay/Springer, Philipp (Hg.): Der Krieg und seine Folgen. Kriegsende und Erinnerungspolitik in Deutschland. Berlin/Bönen.

Kemp, Wolfgang (Hg.) (1999): Theorie der Fotografie III. 4 Bde., München.

Keskin, Mesut (2014): Auge – Blick – Chiasmus, in: Güntzel, Stephan/Mersch, Dieter (Hg.): Bild. Ein interdisziplinäres Handbuch. Stuttgart, S. 336–340.

Klonk, Charlotte (2017): Terror. Wenn Bilder zu Waffen werden. Frankfurt/M.

Knieper, Thomas (2008): Ikonen der Pressefotografie – Ein Essay, in: Haller, Visueller Journalismus, S. 59–67.

Knieper, Thomas/Müller, Marion G. (2005) (Hg.): War Visions. Bildkommunikation und Krieg. Köln.

Knoch, Habbo (2001): Die Tat als Bild. Fotografien des Holocaust in der deutschen Erinnerungskultur. Hamburg.

Kracauer, Siegfried (2011): Die Photographie. In: Ders.: Essays, Feuilletons, Rezensionen 1924–1927 (= Werke, Bd. 5.2), Hg. von Inka Müller-Bach. Frankfurt/M.

Krauss, Rosalind (2002): Anmerkungen zum Index: Teil I, in: Wolf, Herta (Hg.): Paradigma Fotografie. Fotokritik am Ende des fotografischen Zeitalters. Frankfurt/M., S. 140–157.

Krotz, Friedrich (2015): Mediatisierung, in: Hepp, Andreas u.a. (Hg.): Handbuch Cultural Studies und Medienanalyse. Wiesbaden, S. 439–451.

Kunkel, Sönke (2020): Mythos Berlin-Blockade: Geschichte als Waffe im Kalten Krieg; https://ssl2.cms.fu-berlin.de/fu-berlin/sites/weiterbildung/PM_gasthoerercard/Ringvorlesungen/Geschichte-als-Waffe/Video-11/index.html (8.1.2022).

Lethen, Helmut (2004): Nichts dahinter. Auf der Suche nach dem Ereignis unter der Oberfläche der Medien, in: Hagener, Malte/ Schmidt, Johann N./Wedel, Michael (Hg.): Die Spur durch den Spiegel. Der Film in der Kultur der Moderne. Berlin, S. 64–78.

Lethen, Helmut (2014): Der Schatten des Fotografen. Bilder und ihre Wirklichkeit. Berlin.

Lobinger, Katharina (2015): Visualität, in: Hepp, Andreas u.a. (Hg.): Handbuch Cultural Studies und Medienanalyse. Wiesbaden, S. 91–99.

Müller-Funk, Wolfgang (2008): Die Kultur und ihre Narrative. Eine Einführung. Wie/New York.

Paul, Gerhard (2006) (Hg.): Visual History. Ein Studienbuch. Göttingen.

Paul, Gerhard (2008) (Hg.): Das Jahrhundert der Bilder. 1949 bis heute. Göttingen.

Ders. (2009) (Hg.): Das Jahrhundert der Bilder. 1900 bis 1949. Göttingen.

Ders. (2016): Das visuelle Zeitalter. Punkt und Pixel. Göttingen.

Peeck, Joan (1994): Wissenserwerb mit darstellenden Bildern. In: Weidenmann, Bernd (Hrsg): Wissenserwerb mit Bildern. Instruktionale Bilder in Printmedien, Film/Video und Computerprogrammen. Bern, S. 59–94.

Peirce, Charles S. (1983): Phänomen und Logik der Zeichen, hg. und übersetzt von Helmut Pape. Frankfurt/M.

Perlmutter, David D. (1998): Photojournalism and Foreign Policy, Icons of Outrage in International Crisis. London.

Ranke, Leopold von (1975): Vorlesungseinleitungen, hg. von Volker Dotterweich und Walther Peter Fuchs, München.

Rüsen, Jörn (1996): Trauer als historische Kategorie: Überlegungen zur Erinnerung an den Holocaust in der Geschichtskultur, in: Loewy, Hanno/Moltmann, Bernhard (Hg.) Erlebnis-Gedächtnis-Sinn: Ästhetische und konstruierte Erinnerung. Frankfurt/M./New York 1996, S. 57–78.

Rüsen, Jörn (2008): Historische Orientierung. Über die Arbeit des Geschichtsbewusstseins, sich in der Zeit zurechtzufinden. 2. überarb. Aufl.. Schwalbach/Ts.

Rüsen, Jörn (2013): Historik. Theorie der Geschichtswissenschaft. Köln.

Sacchi, Dario L. M./Agnoli Franca/Loftus, Elizabeth (2007): Changing History: Doctored Photographs Affect Memory for Past Public Events, in: Applied Cognitive Psychology, 21. Jg. (2007), S. 1005–1022.

Sachs-Hombach Klaus (2005) (Hg.): Bildwissenschaft: Disziplinen, Themen, Methoden. Frankfurt/M.

Sauer, Michael (2020): Das Bild des kleinen Jungen aus dem Stroop-Bericht. Eine Foto-Ikone im Geschichtsschulbuch, in: Geschichte in Wissenschaft und Unterricht. 71. Jg. (2020), Heft 7/8, 373–384.

Sauer, Michael (2021): Die Hand als Motiv der politischen Ikonographie. Frankfurt/M.

Schankweiler, Kerstin (2019): Bildproteste. Widerstand im Netz. Berlin.

Diess.: Die *Memefication* des Tank Man, in: Hoffmann/Schönegg (2021), 275–287.

Schicha, Christian (2021): Bildethik. Grundlagen, Anwendungen, Bewertungen. München.

Schirner, Michael (2007): Bilder im Kopf der Chinesen, in: NRW-Forum Kultur und Wirtschaft (Hg.): Bilder im Kopf. Düsseldorf 207, S. 57–64.

Schneider, Thomas F. (2012): Reduktion, Emotionalisierung, Ikonisierung. Bilder des Todes in der Kriegsberichterstattung, in: Fauth, Sören/Krejberg, Kasper Green/Süselbeck, Jan (Hg.): Repräsentationen des Krieges. Emotionalisierungsstrategien in der Literatur und in den audiovisuellen Medien vom 18. bis zum 21. Jahrhundert. Göttingen, S. 135–148.

Schönemann, Sebastian (2019): Symbolbilder des Holocaust. Fotografien der Vernichtung im sozialen Gedächtnis. Frankfurt/M.

Schoppe, Andreas (2011): Bildzugänge. Methodische Impulse für den Unterricht. Seelze.

Schütz, Alfred/Luckmann, Thomas (2003): Strukturen der Lebenswelt. Konstanz.

Slovic; Paul u. a. (2017): Iconic photographs and the ebb and flow of emphatic response to humanitarian disasters, in: PNAS, 24. Januar 2017, Band 114, Nr. 4, S. 640–644.

Soeffner, Hans-Georg (2000a): „Auf den Rücken des Tigers“. Über die Hoffnung, Kollektivrituale als Ordnungsmächte in interkulturellen Gesellschaften kultivieren zu können, in: Ders: Gesellschaft ohne Baldachin. Über die Labilität von Ordnungsstrukturen. Weilerswist, S. 254–279.

Soeffner, Hans-Georg (2000b): Zur Soziologie des Symbols und des Rituals, in: Ders (2000a), Weilerswist, S. 180–206.

Soeffner, Hans-Georg (2010): Symbolische Formung: Eine Soziologie des Symbols und des Rituals. Weilerswist.

Soeffner, Hans-Georg/Raab, Jürgen (2004): Bildverstehen als Kulturverstehen in medialisierten Gesellschaften, in: Positionen der Kulturanthropologie, Hg. v. Assmann, Aleida/Gaier, Ulrich, Trommsdorff, Gisela unter Mitarbeit von Karolina Jeftic. Frankfurt/M., S. 249–274.

Solomon-Godeau, Abigal (2003): Wer spricht so? Einige Fragen zur Dokumentarfotografie, in: Wolf, Herta (Hg.): Diskurse der Fotografie. Fotokritik am Ende des fotografischen Zeitalters. Frankfurt/M., S. 53–74.

Sontag, Susan (1999): Über Fotografie. Frankfurt/M.

Sontag, Susan (2003): Das Leiden der Anderen betrachten. München/ Wien.

Stahel, Urs (2003): Ja, was ist sie denn, die Fotografie? Zürich.

Stern (1987): Bilder im Kopf oder die Magie des Gedruckten. Hamburg.

Visual History, Zeitschrift für Geschichtsdidaktik, Jg. 12 (2013).

Weidenmann, Bernd (2004): Psychologische Ansätze zur Optimierung des Wissenserwerbs mit Bildern, in: Sachs-Hombach, Klaus/Rehkämper, Klaus (Hg.): Bild – Bildwahrnehmung – Bildverarbeitung. Interdisziplinäre Beiträge zur Bildwissenschaft. Wiesbaden, S. 243–253.

Welzer, Harald/Moller, Sabine/Tschuggnall, Karoline (2002). „Opa war kein Nazi“. Nationalsozialismus und Holocaust im deutschen Familiengedächtnis. Frankfurt/M.

Wineburg, Sam (2001): Sinn machen. Wie Erinnerung zwischen den Generationen gebildet wird, in: Welzer, Harald (Hg.): Das soziale Gedächtnis. Geschichte, Erinnerung, Tradierung. Hamburg, S. 179–204.

Wobring, Michael/Popp, Susanne (2004) (Hg.): Der europäische Bildersaal. Europa und seine Bilder. Analyse und Interpretation zentraler Bildquellen. Schwalbach/Ts.

Wünsch, Carsten (2014): Empathie und Identifikation, in: Wünsch, Carsten u. a. (Hg.): Handbuch Medienrezeption. Baden-Baden, S. 223–241.

KLEINE REIHE Geschichte

Christian Winklhöfer

Urteilsbildung im Geschichtsunterricht

Was eigentlich ist ein historisches Urteil und was bedeutet es, historisch zu urteilen? Wie lässt sich ein Geschichtsunterricht planen und durchführen, der die Lernenden dazu befähigt, eigene historische Urteile zu bilden und sich kritisch mit den Urteilen anderer auseinanderzusetzen?

Dieser Band führt aus psychologischer, geschichtswissenschaftlicher und geschichtsdidaktischer Perspektive in das Thema Urteilsbildung ein. Im Zentrum steht ein Modell historischer Urteilsbildung, das zur Planung, Durchführung und Evaluation von Geschichtsunterricht genutzt werden kann. Unterrichtsbeispiele für die Sekundarstufe I und II konkretisieren und veranschaulichen die Ausführungen praxisnah.

ISBN 978-3-7344-1173-1,
80 S., € 12,90
E-Book ISBN 978-3-7344-1174-8 (PDF),
€ 11,99